职业技能等级认定学练丛书

电力机车司机

中国铁路呼和浩特局集团有限公司　编

中国铁道出版社有限公司

2024年·北　京

内容简介

本书为“职业技能等级认定学练丛书”之一，适用于电力机车司机岗位技师、高级技师两个等级日常培训和考试，每一等级包含100道问答题和20道实操题。本书内容具有理论性和实践性，现场实用性强，对电力机车司机岗位各等级认定具有指导意义。

本书可作为电力机车司机岗位培训用书，也可供相关专业人员学习参考。

图书在版编目(CIP)数据

电力机车司机/中国铁路呼和浩特局集团有限公司编. —北京：中国铁道出版社有限公司，2024.3
(职业技能等级认定学练丛书)
ISBN 978-7-113-31055-4

Ⅰ.①电… Ⅱ.①中… Ⅲ.①电力机车-驾驶员-岗位培训-自学参考资料 Ⅳ.①U268.48

中国国家版本馆CIP数据核字(2024)第047553号

书　　名：**电力机车司机**
作　　者：中国铁路呼和浩特局集团有限公司

责任编辑：袁文东　　**编辑部电话**：(010)51873421　　**电子邮箱**：jiche@tdpress.com
封面设计：刘　莎
责任校对：刘　畅
责任印制：樊启鹏

出版发行：中国铁道出版社有限公司(100054，北京市西城区右安门西街8号)
网　　址：http://www.tdpress.com
印　　刷：天津嘉恒印务有限公司
版　　次：2024年3月第1版　2024年3月第1次印刷
开　　本：787 mm×1 092 mm　1/16　**印张**：11.25　**字数**：241千
书　　号：ISBN 978-7-113-31055-4
定　　价：62.00元

编 委 会

前　　言

为进一步提高铁路职工教育培训的针对性和实效性，大力促进全局职工队伍岗位技能达标，2015年劳动和卫生部组织专业技术人员编写了“铁路特有工种操作技能鉴定学练丛书”。该丛书为同期职业技能鉴定培训提供了有力的支撑，在铁路高技能人才培养选拔、落实全员持证上岗制度和确保运输生产安全稳定发展方面发挥了重大的作用。

随着我国铁路建设的持续发展，新技术、新设备不断更新应用，铁道行业标准、《铁路技术管理规程》等规章标准相应提升变化，丛书的范围和内容已经不能适应新时代铁路职工职业技能等级认定培训学习需求，急需进行修订完善和扩充拓展。

党的二十大报告要求，深入实施人才强国战略。为落实二十大精神，集团公司在技能人才队伍培养方面推出了一系列的新举措。其中，丛书修订完善作为一项重要工作进行落实，在对62个铁路特有工种进行修订完善的基础上，将丛书拓展为90个铁路特有工种和8个通用工种，并更名为“职业技能等级认定学练丛书”。

“职业技能等级认定学练丛书”在编写内容上力求体现以“优化职业活动为导向，以提升职业技能为核心”为指导思想，以“国家职业标准”“铁路特有工种技能培训规范”“高速铁路岗位培训规范”等为标准，以客观评价职工操作技能水平为目标，力求知识的系统性、连贯性和精炼性，突出针对性、典型性和适用性。

“职业技能等级认定学练丛书”是铁路职工职业等级认定操作技能考试前培训和自学教材，对职工各类在职教育和考试也有重要的参考价值。

“职业技能等级认定学练丛书”的编写是一项系统性、全面性的工作，工作难度比较大。在丛书的编写和审定过程中得到了集团公司职培部、各业务部及有关单位的大力支持和帮助，在此表示感谢！由于编写水平有限，加之时间仓促，恳请读者提出宝贵意见和建议。

中国铁路呼和浩特局集团有限公司

2023年9月

前言

目　录

第一部分　技　　师

第二部分 高级技师

第一部分　技　　师

1. DK-2 型制动机启动后，操作自动制动阀（大闸）、单独制动阀（小闸），制动机没有反应，如何处理？

答：（1）闭合自动制动阀（大闸）、单独制动阀（小闸）电源开关。确认制动机电源开关＝28－F04 与＝28－F06 已闭合到位。

（2）确保非操作节自动制动阀（大闸）置“重联”位，单独制动阀（小闸）置“运转”位，机械锁闭钥匙被拔出。

（3）将操作节自动制动阀（大闸）置“重联”位或“抑制”位 1 s 解锁。注意制动显示屏上提示。

2. 机车装有 DK-2 型制动机，如何进行换端操作？

答：（1）自动制动阀（大闸）“重联”位、单独制动阀（小闸）“全制”位，并穿好自动制动阀（大闸）锁闭穿销。

（2）断电、降弓，取出电钥匙。

（3）非操纵节制动柜 93 号重联阀转换至“补机”位，操纵节转至“本机”位。

（4）操纵节闭合电钥匙，确认制动屏充风流量表上方显示“本机”字样，钮子开关信息栏显示：不补风、空联投入、一次缓解、定压 600 kPa、单机切除。

3. HXD3C 型电力机车高压试验的电制动试验内容及要求是什么？

答：（1）换向手柄置“前”位、调速手柄离开“0”位到“制”区最大。

①看机车状态指示屏“零位”灯灭；

②进入微机显示屏“辅助电源”画面，看辅变流器 1（APU1）输出频率升至（50±1）Hz；

③看微机显示屏显示级位由 0～12.0 级间变化。

（2）调速手柄回“0”位。

4. 电力机车电源柜何时转换？如何转换？

答：（1）转换时机

电力机车无流无压时，要进行电源柜开关 A/B 组的转换。

（2）转换方法

①调速手柄回“0”位，断开主断路器；

②将电源柜上的转换开关 A/B 组由 A 组转换至中间位置停留 3 s 以上再转换到 B 组。

5. HXD3D 型电力机车低压试验中调速手柄试验内容有哪些?

答:分闸状况下,换向手柄置“前”位,调速手柄离开“0”位到牵引“ * ”位,看微机显示屏,显示级位 1.0 级,牵引力上升至 13 kN 左右,逐步增加牵引级位,微机屏上牵引力逐步增大,直至最高级位 13.0 级,牵引力上升至 95 kN 左右,调速手柄回“0”位,看微机屏显示 0 级,牵引力降至 0,换向手柄置“后”位,试验要求同向前位。

6. 如何调整分配阀安全阀压力?

答:(1)使用工具

大管钳、活扳手。

(2)调整该安全阀的目的

该安全阀是为了防止紧急制动作用后制动缸压力过高,造成抱死轮而设的,其整定值为 450 kPa,无动力回送时 200 kPa。

(3)调整方法

①要调整其整定值时,首先卸下防缓螺帽,顺时针拧动调整螺栓,使调整弹簧压力增大,其整定值增高;

②逆时针拧动调整螺栓,则使其整定值降低,调整到规定压力值后,拧紧防缓螺帽。

7. 如何处理辅助压缩机泵风异常缓慢?

答:(1)检查辅助风缸排水阀是否关闭;

(2)关闭 97 膜片塞门;

(3)关闭主断路器储风缸塞门 145,人工闭合主断路器,待辅助风缸压力达到 500 kPa 以上时,闭合钥匙 570QS 升弓用主压缩机打风,等总风打到定压后,再降弓开放 145 塞门和 97 塞门。

8. 电空制动控制器手柄置“紧急”位,不起紧急制动作用的原因是什么?如何处理?

答:(1)现象

电空制动控制器手柄置“紧急”位,列车管压力、制动缸压力,无变化。

(2)原因

①电空制动控制器接点不良,804 线不得电;

②电动放风阀膜板破损;

③电动放风阀总风塞门 158 在“关闭”位或电动放风阀列车管塞门 117 在“关闭”位。

(3)处理

遇紧急情况,迅速开放 121 塞门。

9. 主压缩机泵风时,空载放风电空阀排风不止如何处理?

答:(1)现象

主压缩机泵风时,空载放风电空阀排风不止。

(2)原因

①空载放风阀 247YV 阀口被垫住;

②空载放风阀 247YV 阀口关闭不严。

(3)处理

可将空载放风阀 247YV 的电源线拆掉,并包好绝缘。

10. 运行中"空转"灯亮,自动撒砂及减载时如何处理?

答:(1)电流较大,黏着不良空转,适当减载,加大撒砂量,机车起动可用 B 组。

(2)空转保护误动作,将电子柜 A/B 组开关转置"B"组运行(要注意机车空转)。

(3)若 B 组故障,转 A 组将电子柜防空转插件故障开关扳至"故障"位。

11."励磁过流"灯亮,"牵引电机"灯亮,电阻制动自动切除时(电制无流或电制系统故障)**如何处理?**

答:(1)转换 A/B 组。

(2)重新合闸后再给电阻制动。

(3)甩 458 插头,切除相应牵引电机闸刀。

(4)如果无效则不使用电阻制动,维持故障运行。

12. 两位置转换开关不转换时如何处理?

答:(1)确认调速手轮回到"0"位,"零位"灯亮;

(2)确认 141、142 塞门开放 51 调压阀压力达到 500 kPa;

(3)先将换向手柄置所需位置;

(4)人工扳动转换:

①换向手柄只允许在停车后进行;

②牵制手柄置"牵引"位,停止使用电制。

13. 制动电空阀 257YV 故障时如何处理?

答:(1)制动电空阀不失电,均衡风缸只能有 40 kPa 左右的减压量,可转"空气"位运行回段处理;

(2)制动电空阀不得电或卡位泄漏,使"中立"位制动管不保压,且空气压力继续下降,转"空气"位运行,回段处理。

14. 缓解电空阀 258YV 故障时如何处理?

答:(1)现象

①缓解电空阀 258YV 不得电,电空制动控制器"运转"位、"过充"位均衡风缸不充风;

②258YV 失电后下阀口关不严，制动后“中立”位不保压，均衡风缸回风。

(2)原因

缓解电空阀 258YV 不得电或 258YV 失电后下阀口关不严。

(3)处理

以上两种现象均应转“空气”位操纵，回段检修。

15. HXD3D 型电力机车高压试中合主断路器试验程序及要求有哪些？

答：闭合主断路器扳键置“合”位(自复式)，听主断路器闭合声，看主断路器分信号指示灯灭，微机屏显示主断路器合，延时 5 s，看辅变流器水泵信号指示灯灭，辅变流器及其散热风机、油泵、水泵均投入工作，控制电压机械表和微机屏指示 110 V 左右，听辅变流器 2(APU2)风机启动声。

16. HXD3C 型电力机车高压试验的 PSU 装置转换切换试验内容及要求是什么？

答：断开主断路器，采用手动转换 PSU 单元，将 PSU 单元柜侧面转换开关转至另一组 PSU 单元，重新闭合主断路器，确认控制电压表及 TCMS 显示屏显示控制电压 110 V，通过 TCMS 屏“蓄电池”界面，确认另一组 PSU 单元投入工作。

17. 电力机车在运行中空转频繁动作的判断处理方法是什么？

答：(1)现象

空转灯亮。

(2)原因

空转保护装置动作。

(3)处理

①将电子柜的防空转转换开关转换到“切除”位。

②故障仍不能消除时，将电子柜 A/B 组转换开关转换到 B 组维持运行。

18. 电力机车某牵引电机固定分路电阻烧损或线路接触器烧损的判断处理方法是什么？

答：(1)现象

某台牵引电机电流不稳定或无电流输出。

(2)原因

牵引电机固定分路电阻烧损或线路接触器烧损。

(3)处理

将该牵引电机故障闸刀置“故”位闭合维持运行。

19. 通风机电机进行电容分相启动的方法及步骤是什么？

答：(1)通风机电机进行电容分相启动的时机

劈相机发生故障用第一风机代替劈相机。

(2)通风机电机进行电容分相启动的方法及步骤

①将劈相机故障转换 242QS 开关打向“1FD”位,即把 283AK 监测劈相机发电相电压的引入线转接到 3MA 的第三相上。

②将闸刀开关 296QS 打到启动“电容”位(因启动电阻不能启动通风机),接入 253C,启动过程与劈相机启动完全相同。

③由于辅助电路在两节车上并未重联,当某一节车劈相机故障时,两节车可分别做劈相机的电阻分相启动和通风机电机的电容分相启动。

20. 如何进行列车制动机简略试验?

答:(1)列车制动主管压力达到规定值后,即 600 kPa 时。

(2)电空制动控制器施行最大有效减压 170 kPa 并保压 1 min,测定制动主管贯通状态。

(3)检车员、运转车长、车站值班员或有关人员检查确认列车最后一辆车发生制动作用;司机检查列车制动主管漏泄量,其压力下降不得超过 20 kPa/min。

21. 新 HXD_2 型电力机车停放制动隔离方法是什么?

答:(1)现象

停放制动灯不灭。

(2)原因

停放制动不缓解。

(3)处理

①将停放制动隔离塞门 RB(IS)FS 切换至隔离状态;

②缓解机车到定压后,到车下手动缓解各转向架的停放制动缓解手柄。

22. 新 HXD_2 型电力机车制动柜塞门隔离操作方法是什么?

答:(1)停放制动隔离

将停放制动隔离塞门 RB(IS)FS 切换至隔离状态,然后到车下手动缓解各转向架的停放制动缓解手柄。

(2)制动缸隔离(大闸)

将制动缸隔离塞门 RB(IS)CF1(转向架 1)和 RB(IS)CF2(转向架 2)切换至隔离状态即可切除制动缸。

注:制动柜的两个制动缸隔离的情况下,本节车将不能输出牵引力。

(3)单独制动阀(小闸)隔离

将单独制动阀(小闸)隔离塞门 RB(IS)FD 切换至隔离状态即可切除单独制动阀(小闸)。

23. 过“八跨”的操作方法是什么?

答:(1)严禁升双弓。

(2)按标牌所显示的地点,断开、闭合主断路器。

(3)断开主断路器前,应使调压开关退回"0"位(如因特殊情况退不回"0"位时,应尽可能退至低的级位),关闭各辅机组,最后再断主断路器,要避免在高级位断开主断路器。

(4)以调速手柄采取分段退级,使车钩逐渐压缩(或伸张)。在长大下坡道时,为了保持一定的安全速度,不应过早退级,可以适当压缩分段退级的间隔时间,并允许调压开关在低级位时断开主断路器。

(5)过"八跨"后,可以用调速手柄快进到适当级位,保持一定的牵引力,然后再逐渐提高机车运行速度。

24. 电空制动控制器手柄置"紧急制动"位,制动管压力下降不到0的原因是什么?如何处理?

答:(1)原因

①中立电空阀253YV故障;

②中继阀的遮断阀关不住。

(2)处理

列车管压力下降先快后慢,且有回升,并伴有大的排风声时,应拆检中立电空阀253YV或中继阀的遮断阀。运行途中则维持运行,遇有紧急情况应提前采取停车措施。

25. 对段修机车司机控制器的动作性能有哪些要求?

答:(1)机械联锁作用正确,作用可靠,各手柄操作灵活、正确,不得有旷动、过位,在规定位置才能取出或插入。

(2)各联锁开关按闭合表顺序开闭。

(3)各联锁开关对地绝缘电阻不小于10 MΩ(2 500 V兆欧表)。

26. 车钩钩头的解体、检查及安装方法及技术要求是什么?

答:(1)使用工具

手锤、小撬棍、钢尺、丁字尺、开口销。

(2)工作程序

①机车进行制动。

②提钩后,用手锤和小撬棍将钩舌销的开口销取下。

③取出钩舌销,卸下钩舌,检查钩舌销有无裂纹,钩舌有无磨损。

④取出钩舌锁铁及钩舌推铁,检查其有无磨损及裂纹。

⑤清扫钩头内部,检查防跳装置是否良好。必要时对各部件进行探伤。

⑥对符合要求的部件,按顺序组装好后,进行试验,开关应灵活。

(3)主要技术要求

①车钩的开度(在最小处测量):在"闭锁"位时,其开度为110～130 mm;在"开启"位时,其开度为220～250 mm。

②车钩中心距轨面高度：中修时为 845～880 mm，运用机车为 815～890 mm。

③两个车钩连挂后，其两个车钩的中心线相差不得超过 75 mm。

④车钩在“闭锁”位时，钩舌锁铁往上的活动量为 5～15 mm。

⑤钩舌销与销孔径向间隙为 1～4 mm。

27. HXD3C 型电力机车重联操作方法是什么？

答：本务机车升弓状态下，双机连接制动管后，将制动屏按压 F3 键，将设置菜单修改为 600 kPa、操作端、货车、切除、不补风(即设置为“单机”位)，自动制动阀(大闸)置“重联”位，单独制动阀(小闸)置“运转”位。

28. HXD3C 型电力机车无动力回送方法是什么？

答：(1)车上部件操作方法

①移动单独制动阀手柄到“运转”位，自动制动阀手柄到“重联”位；

②制动系统断电，确认操纵台停放制动灯亮(关闭电钥匙开关，断开蓄电池电源 QA61、冬季机车加热套电源必须断开)；

③在制动缸控制模块(EPCU)的均衡风缸控制模块(ERCP)上将无动力回送塞门转到“投入”位；

④关闭塞门 A10；

⑤排放总风缸空气至 250 kPa 以下；

⑥关闭停放制动控制塞门(B40.06)。

(2)车下部件操作方法

①端部平均管塞门开放；

②确保列车管与车辆连接；

③机械缓解停放制动(第 1、3、4、6 轮左右共 4 处)。

29. 受电弓落不到位的原因及调整方法是什么？

答：(1)原因

受电弓在使用中有时出现落弓不到位。这种现象一般是由于滑板磨耗后弓头重量减轻，使弓头静态接触压力值变化而造成的。

(2)调整步骤

①检查静态接触压力值，并按调整静态接触压力的方法，恢复到规定值；

②检查扇形板最右侧的调整螺钉是否过高；

③调整拉杆绝缘子的拉杆长度，使之增长，以便增加降弓弹簧的降弓力矩；

④检查推杆长度是否超过规定值(1 580 mm)；

⑤检查传动风缸和受电弓之间在车顶盖上的安装距离是否发生变化；

⑥检查传动风缸内的降弓弹簧刚度是否变低。

30. 调整QIY型调压阀输出压力的方法是什么?

答:调压阀的输出压力值可通过调节手轮来调整。

(1)首先将防缓螺母松开,顺时针方向旋转手轮,通过丝杠压缩一、二级弹簧,迫使膜板下凹,通过顶杆压缩进气阀弹簧开放进气口。总风压力空气由进气口流向另一端输出口,使输出压力增高。

(2)反之,逆时针方向旋转手轮,则使输出压降低,调整到规定压力后拧紧防缓螺母。

31. 调整高压安全阀的方法是什么?

答:风源系统的高压安全阀其整定值为(950±20)kPa。

(1)调整时首先松开防缓螺母,顺时针拧动弹簧盒,增大弹簧压力,使其整定值增高;

(2)逆时针拧动弹簧盒,使其整定值降低;

(3)达到规定的整定压力(950±20)kPa后,用锁紧螺母锁紧,再用专用止挡定位,并加铅封标记,以使整定压力值准确可靠。

32. 调整分配阀安全阀的方法是什么?

答:调整分配阀安全阀是为了防止紧急制动作用后制动缸压力过高,造成抱死轮而设的,其整定值为450 kPa,无动力回送时200 kPa。

(1)需要调整其整定值时,首先卸下防缓螺帽,顺时针拧动调整螺栓,使调整弹簧压力增大,其整定值增高;

(2)逆时针拧动调整螺栓,则使其整定值降低,调整到规定压力值后,拧紧防缓螺帽。

33. 辅助压缩机泵风异常缓慢的处理办法是什么?

答:(1)检查辅助风缸排水阀是否关闭;

(2)关闭97膜片塞门;

(3)关闭主断路器储风缸塞门145,人工闭合主断路器,待辅助风缸压力达到500 kPa以上时,闭合钥匙570QS升弓用主压缩机打风,等总风打到定压后,再降弓开放145塞门和97塞门。

34. SS4G型电力机车“电空”位故障改用“空气”位操纵的转换方法是什么?

答:(1)将操纵节空气制动阀上的“电一空”转换钮置“空气”位。

(2)将操纵节空气制动屏上的“电一空”转换阀153置“空气”位,并断开自动开关615QA。

(3)将操纵节空气制动阀手柄移至“缓解”位。

(4)将操纵节空气制动阀的调压阀53调整至规定压力。

(5)如非操纵节转“空气”位或处于“电空”位无电空控制电源,应将非操纵节的中继阀座下方的制动管塞门115关闭。

35. SS4G 型电力机车"空气"位操纵的注意事项有哪些?

答:(1)需单独缓解机车制动时,应下压空气制动阀的手柄。

(2)需要施行紧急制动时,可按下紧急制动按钮或迅速打开手动放风阀,并将空气制动阀的手柄推向"制动"位。

(3)"空气"位操纵时,没有加速充气作用,应适当降低缓解速度。

(4)"空气"位操纵时,制动管若有泄漏会得到"补风"而发生自然缓解,应密切注意速度变化并进行追加减压。

(5)单机运行动车前,必须确认均衡风缸及制动管已充风至规定压力。缓解时,应将单独制动阀手柄放在"缓解"位缓解机车制动。

36. HXD3C 型电力机车主变流器 CI 故障的处理方法是什么?

答:跳主断路器,"主断分"指示灯亮,微机屏故障栏显示相应的主变流器故障。

(1)调速手柄回"0"位,查看微机屏故障履历,如主变流器故障信息中有次边过流故障,则必须将该主变流器通过微机屏隔离后,方可再次合主断路器。

(2)按"复位"按钮,再合主断路器恢复运行。

(3)如主断路器合不上或提手柄就跳主断路器,则切除故障的主变流器,维持运行。

37. HXD3C 型电力机车 TCMS 微机显示屏显示"主接地"或"牵引电机"故障处理方法是什么?

答:跳主断路器,"主断分"指示灯亮,微机屏显示"主接地" 或"牵引电机"故障,TCMS 故障栏显示具体故障信息。

(1)调速手柄回"0"位,按"复位"按钮,再合主断路器恢复运行。

(2)主断路器如合不上或提手柄就跳主断路器,则切除对应故障位的主变流器维持运行。

(3)按照 TCMS 故障栏显示具体故障信息,甩掉故障电机。

38. 新 HXD2 型电力机车制动系统重联模式设置方法是什么?

答:(1)当机车与其他机车重联做补机时,仅连接列车管的重联模式操作步骤。

两台机车之间只连接列车管,从控机车设置:

将两端司机室的自动制动阀(大闸)手柄均置于"运转"位,然后将两节机车制动柜上的重联控制阀 RB-UM-MV 均切换至"从控"位,再将两节机车制动柜上的重联控制转换阀 RB-EQ 均切换至"主控"位。

(2)当机车与其他机车重联做补机时,连接平均管的重联模式操作步骤。

连接两台机车间的总风管、列车管、平均管以及重联线,从控机车设置:

将两端司机室的自动制动阀(大闸)手柄均置于"运转"位,然后将两节机车制动柜上的重联控制阀 RB-UM-MV 均切换至"从控"位,再将两节机车制动柜上的重联控制转换阀 RB-EQ 均切换至"从控"位。

39. 新 HXD_2 型电力机车单独制动阀(小闸)隔离的方法是什么?

答:(1)使用时机

新 HXD_2 型电力机车制动缸压力不能缓解。

(2)方法

将单独制动阀(小闸)隔离塞门 RB(IS)FD 切换至隔离状态即可切除单独制动阀(小闸)。

(3)提示

在非操纵节单独制动阀(小闸)不缓解时,如断电复位及转备用模式仍不能缓解时,可将非操纵节单独制动阀(小闸)隔离,但换端时勿忘恢复单独制动阀(小闸)隔离塞门。

40. 新 HXD_2 型电力机车无动力回送设置方法是什么?

答:(1)将车上系统柜蓄电池隔离开关 Z-BA 置左侧隔离,断开车下蓄电池闸刀 H-BA。

(2)通过只接制动隔离阀 RB(IS)FD,隔离直接制动(打竖直位)。

(3)使用紧急制动隔离阀 RB(IS)Q(ECH)URG,将紧急制动阀切除(打横位)。

(4)将无动力塞门 RB-MV 置"无火"位(打横位)。

(5)检查闸瓦间隙,如停车制动已用,用拉环缓解(每个转向架 1 个,共 4 个)。

(6)开放总风折角塞门排空总风后关闭,连接列车管,确认机车制动缓解作用良好。

注:除蓄电池开关及总风折角塞门,其余各阀均在制动柜。

41. SS_{4G} 型电力机车不升弓如何判断处理?

答:(1)检查两节车门联锁是否关好。

(2)检查两节车车顶门是否关好,车顶门压块 S 是否可靠压下车顶门联锁行程开关。

(3)检查总风缸风压是否高于 500 kPa;两节车控制风缸风压是否高于 500 kPa;管路柜内各塞门是否在"正常"位。

(4)检查电源柜 602QA 自动开关是否跳闸。

(5)闭合电钥匙后检查两节门联锁阀杆是否伸出,门联锁电空阀 287YV 是否得电。确定门联锁电空阀故障可强行闭合,维持运用。

(6)受电弓风压继电器 515KF 是否正常,否则将 2 号端子排的 N533b、N534b 短接。

(7)升另一个受电弓。

42. SS_{4G} 型电力机车一架受电弓损坏如何处置?

答:(1)按规定请求停电,注意安全。

(2)将故障受电弓绑好,防止超高。

(3)如有接地处,将高压隔离开关打在"断开"位,换弓运行。

(4)如受电弓刮离车顶,须将其移下车顶,放置安全地点(不得倾入邻线),并将车顶清理干净,换弓运行。

(5)将故障受电弓隔离开关 587QS 置“故障”位，并关闭其 143 塞门。

43. SS4G 型电力机车主断路器合不上的处理方法是什么？

答：(1)确定司控器手柄是否回“0”位，劈相机扳键开关是否断开。

(2)检查总风缸风压是否高于 500 kPa；两节车控制风缸风压是否高于 500 kPa；管路柜内各塞门是否在正常位。

(3)将逻辑控制单元(LCU)转另一组再试。

(4)切除主断路器控制器再试。

44. YWK-50-C 型压力调节器的调整方法是什么？

答：控制总风缸的压力保持在 700～900 kPa 之间。

(1)选取 0～1 000 kPa 的规格范围；

(2)控制器的开关接线端子接入压缩机电机电源控制回路，被控制气体导入控制器波纹管室；

(3)旋转调节杆，使指针指示 700 kPa，顺时针方向旋转，降低压力；逆时针方向旋转，增加压力；

(4)接通电源使空气压缩机工作，空气压力上升，反复调整差动扳钮，使压力上升到 900 kPa 时，控制器开关断开。

45. 一台机车空压机故障，利用另一台机车充风的方法是什么？

答：(1)开放 155 无动力塞门，关闭 113 总风塞门；

(2)连接制动软管，开放折角塞门；

(3)控制风缸达 450 kPa 以上时升弓合闸打风，总风达到 500 kPa 时开放 113 总风塞门，关闭 155 无动力塞门；

(4)如 SS4G 型电力机车相互窜风时，直接接上总风管取消第(3)项的操作。

46. DK-1 型电空制动机转换“空气”位操作步骤有哪些？

答：(1)操纵节电空转换键扳到“空气”位；

(2)操纵节电空制动控制器置“运转”位，空气制动阀置“缓解”位，调整调压阀 53 压力为 600 kP；

(3)断开操纵节“电空制动”自动开关 615QA，153 阀置“空气”位；

(4)153 阀排风不止时关闭 157 塞门；

(5)非操纵节无电空制动电源或中继阀故障时，应关闭非操纵节 115 塞门。

47. 排风电空阀 254YV 故障时的现象及处理方法是什么？

答：(1)排风电空阀不失电或卡住、泄漏造成电空制动控制器减压，机车不能制动；运行中，若非单机运行，则可不必处理。需单机制动时，可推空气制动阀至“制动”位，以保持一定的制动力。在单机运行时，为确保安全必须作相应的处理，可在 254YV 阀座后面加胶皮以堵住排风口。机车单缓可用下压空气制动阀手柄来实现。

(2)排风电空阀不吸合，机车不缓解，可维持运行回段处理，但需随时观察制动缸压力，及时用空气制动阀缓解位或下压手柄缓解机车制动缸压力。

48. 电空制动控制器手柄置“运转”位，均衡风缸、制动管都不充风的检查处理方法是什么？

答：(1)如 153 塞门背后排风为手柄在“空气”位，将其转换到“电空”位即可。

(2)153 塞门正常时，检查空气制动阀上的电空转换键是否在“电空”位，如不在“电空”位将其扳至“电空”位。

(3)检查 615QA、675SB 均正常时，将 464QS 自动停车扳钮置“切除”位，能充风时维持运行，注意制动管压力自动下降时，应将电空制动控制器手柄移“中立”位，牵引运行时应立即人工断开主断路器；仍不充风时，依次检查空气制动阀接线盒接线及 258YV 接线。

(4)查不出原因或条件不允许时，转“空气”位操作。

49. 电空制动控制器、空气制动阀制动时，操纵节机车制动缸压力上升缓慢，且压力比不符合要求的原因及处理方法是什么？

答：(1)操纵节机车重联转换阀 93 工作位置不对，将操纵节 93 重联阀打“本机”位；

(2)操纵节机车重联转换阀 93 内重联阀活塞 O 形圈破损漏风，造成作用管与平均管窜风，拆检重联转换阀 93，更换 O 形圈。

50. SS4G 型电力机车无动力回送时对制动机的处理方法是什么？

答：(1)关闭两节机车中继阀座下方的制动管 115 塞门，空气制动阀手柄置“运转”位(或取出)；

(2)开放两节机车分配阀缓解塞门 156 和无动力塞门 155，重联转换阀 93 与本务机车相同；

(3)关闭两节机车总风缸塞门 112；

(4)调整两节机车分配阀安全阀，使其整定值为 180～200 kPa。

51. HXD3C 型电力机车高压试验的辅变流器故障切换试验内容及要求是什么？

答：(1)断开主断路器，通过 TCMS 屏“开放状态”栏手动切除辅变流器 1(APU1)，看辅变流器 1(APU1)栏变红。重新闭合主断路器，听辅变流器 2(APU2)启动声，各风机启动运行，通过 TCMS 屏“机器状态”栏“风机状态”界面，确认 WP1-WP2 水泵、MA21-MA22 油泵工作正常，MA11-MA12 牵引风机、MA17-MA18 复合冷却风机启动正常。

(2)通过 TCMS 屏“机器状态”栏“辅助电源”界面看辅变流器 2(APU2)输出电源频率为

50 Hz,看 PSU1(PSU2)装置投入工作,观察控制电压表及 TCMS 屏显示控制电压 110 V。

(3)断开主断路器,恢复辅变流器 1(APU1),切除辅变流器 2(APU2)试验(试验内容及步骤同上)。

52. HXD3D 型电力机车高压试中启动压缩机试验程序及要求有哪些?

答:闭合压缩机扳键至"自动打风"位,总风压 750 kPa 以下,听第一压缩机启动无异声,看网压波动一次,微机屏第一压缩机接触器 KM13 指示灯亮,3 s 后第二压缩机开始启动,听第二压缩机启动无异声、看网压波动一次,微机屏第二压缩机接触器 KM14 绿灯亮。当总风打至(900±20)kPa,听两台空气压缩机停机,微机屏第一、二压缩机接触器 KM13、KM14 绿灯灭,当总风风压低于 825 kPa 时,操纵端第一台压缩机投入工作。

将空气压缩机扳键开关 SB45/46 置"强泵"位,空气压缩机启动,当总风缸压力上升于(950±20)kPa 时,听高压安全阀动作排风声,人工断开"强泵"扳键开关恢复至"自动打风"位。

53. DK-1 型制动机"空气"位操纵时的注意事项有哪些?

答:(1)操纵空气制动阀可对全列车进行制动机缓解。单缓机车则要下压其手柄。

(2)电空制动控制器手柄应放"运转"位。

(3)需紧急制动时,应按紧急按钮或开放手动放风阀。

(4)此时因列车管有补风作用,在"中立"位停留一段时间后,要监视速度的变化,以免因车辆的陆续自然缓解而丧失制动时机。

54. 新 HXD2 型电力机车主辅电路接地故障处理方法是什么?

答:机车主、辅电路发生接地现象时,机车的接地保护装置动作,微机显示屏会显示"××接地保护"故障,可在条件允许的情况下,断主断路器后,对故障变流器进行相应断路器断电复位,如故障无法消除,机车会自动将故障支路的主、辅变流器隔离,若机车功率能满足牵引需要,应维持运行回段报修,不能满足时尽可能运行至站内停车处理。

55. 新 HXD2 型电力机车切一节车操作方法是什么?

答:仅在某节机车主电路回路故障且无法恢复的情况下,才需要进行切一节操作。

(1)确认机车停放在轨道上,断主断路器,降弓,在故障节取下高压隔离开关绿钥匙。

(2)将绿钥匙插入故障节高压隔离开关的钥匙孔内并转动,解锁后将高压隔离开关手柄沿垂直于车顶线路方向向下拉动,使其由"合"位转至"分"位,取下绿钥匙,恢复高压联锁即可。

56. SS4G 型电力机车劈相机不启动的处理方法是什么?

答:(1)将逻辑控制单元(LCU)转另一组再试。若仍不启动,则换端启动劈相机,若启动正常，处理操纵节劈相机扳钮 404SK。

(2)启动劈相机时“劈相机”灯超过 5 s 不灭，应立即断开劈相机扳键开关。将逻辑控制单元(LCU)转另一组再试。

(3)若劈相机电阻烧损，可断开主断路器到低压柜Ⅱ后将劈相机启动电阻换接另一组。或到低压柜Ⅱ直接转换 296QS 闸刀置“下合”位，242QS 开关转至“通风”机位，用第一通风机代替劈相机。

(4)若劈相机烧损、接地，到低压柜Ⅱ可以直接转换 296QS 闸刀拉到“下合”位，242QS 开关转到“通风机”位，用第一通风机代替劈相机。

57. SS4G 型电力机车牵引制动无流(预备灯灭)的处理方法是什么?

答:(1)监控故障，短接Ⅰ号端子柜 1588 线和 531 线。

(2)电子柜故障，电子柜转换至另一组，检查 1780 号线无松脱，N105、N106 插座牢固。

(3)检查司控器插头是否松动。

(4)互换 A、B 节的司控器。

(5)线路接触器未吸合，恢复电机闸刀置“运行”位，修复辅助联锁虚接处所。

(6)他端司机室 570QS 在“闭合”位，检查非操纵端电钥匙是否在“断开”位。

58. HXD3C 型电力机车主变流器 CI 故障的处理方法是什么?

答:跳主断路器，“主断分”指示灯亮，微机屏路器故障栏显示相应的主变流器故障。

(1)调速手柄回“0”位，查看微机屏故障履历，如主变流器故障信息中有次边过流故障，则必须将该主变流器通过微机屏隔离后，方可再次合主断路器。

(2)按“复位”按钮，再合主断路器恢复运行。

(3)如主断路器合不上或提手柄就跳主断路器，则切除故障的主变流器，维持运行。

59. HXD3C 型电力机车 TCMS 微机显示屏显示“主接地”或“牵引电机”故障处理方法是什么?

答:跳主断路器，“主断分”指示灯亮，微机屏显示“主接地” 或“牵引电机”故障，TCMS 屏故障栏显示具体故障信息。

(1)调速手柄回“0”位，按“复位”按钮，再合主断路器恢复运行。

(2)主断路器如合不上或提手柄就跳主断路器，则切除对应故障位的主变流器维持运行。

(3)按照 TCMS 故障栏显示具体故障信息，甩掉故障电机。

60. SS4G 型电力机车大修后主变压器油箱须符合哪些要求?

答:(1)清除油箱各部油垢，箱沿须平整，无凹坑，箱件无裂纹变形。

(2)油箱各油路畅通，安装座、吊耳无裂纹。各阀门开关动作灵活，闭合严密。油箱须承受 50 kPa 压力试验 24 h，无漏油及变形。

(3)盖板无裂纹、变形,盖板和上下油箱连接严密,不许有渗油。各导电杆螺纹及各瓷瓶安装座的法兰盘螺栓良好。

61. HXD_2 型电力机车无动力回送设置方法是什么?

答:(1)将两端司机室单独制动阀(小闸)推至"全制"位,自动制动阀(大闸)推至"运转"位,然后断两节机车的 DC 110 V 电源,等待列车管完全停止排风。

(2)将两端制动柜的无动力塞门(RB-MV)均切换至"从控"位。

(3)确认两端制动柜的一次/阶段缓解塞门 RB(IS)RC 均处于"正常"位(一次缓解位)。

(4)将两端制动柜的平均管塞门(RB-EQ)均切换至"主控"位。

(5)停放制动隔离:将两端制动柜的停放制动隔离塞门 RB(IS)FS 均切换至隔离状态,然后再等待 30 s 使停放缸内压力排空。

(6)连接本务机车和该无动力回送机车之间的制动软管,然后打开列车管折角塞门,通过本务机车将列车管压力缓解到定压。确认停放制动指示器为红色,制动指示器为绿色。

(7)手动缓解每个轴的停放制动:将所有手动缓解手柄往回拉到最大位置,并在此位置保持 3 s 后松开。以保证停放缸内部的机械机构有足够的时间复位,实现停放制动的完全缓解。操作完成后,需确认闸瓦完全离开车轮。

(8)在本务机车上进行制动缓解操作,确认无动力机车与本务机车的制动和缓解状态一致(无动力机车的制动缸压力低于本务机车的制动缸压力为正常现象)。

62. HXD_1 型电力机车接车检查项目是什么?

答:(1)检查机车走行部正常,弓网状态良好。确认单独制动阀(小闸)制动或停放制动施加并取出铁鞋(制动指示器红色为制动状态,绿色为缓解状态)。

(2)确认操纵台中柜所有开关在"竖直"位(重点检查 1 警惕隔离、6 蓄电池大复位、10 监控隔离开关位置)。

(3)确认两节车低压电器柜所有自动开关均在上合位,闭合蓄电池开关,确认充电机柜上的电压表不低于 88 V。

(4)确认两节车空气管路、风缸塞门、脱扣开关、隔离开关在规定位置。DK-2 制动机确认两节车制动柜上 139、155 塞门在"水平"位,其余全部在"竖直"位;CCBⅡ制动机制动柜上 U99、A24、S10. 01、U43. 14 塞门在"竖直"位,其余全部在"水平"位。

(5)确认两节车总风缸间的截止阀 A10 塞门开放。

(6)检查主变油位、冷却塔液位、压缩机油位是否符合规定。升弓前两节车进行车顶绝缘检测。

63. SS_{4G} 型电力机车牵引制动无流(预备灯灭)的处理方法是什么?

答:(1)监控故障,短接Ⅰ号端子柜 1588 线和 531 线。

(2)电子柜故障,电子柜转换至另一组,检查 1780 号线无松脱,N105、N106 插座牢固。

(3)检查司控器插头是否松动。

(4)互换 A、B 节的司控器。

(5)线路接触器未吸合,恢复电机闸刀置"运行"位,修复辅助联锁虚接处所。

(6)他端司机室 570QS 在"闭合"位,检查非操纵端电钥匙是否在"断开"位。

64. 使用辅助压缩机打风的方法是什么?

答:(1)打风前先关闭两节膜片塞门 97 及辅助风缸排水塞门 169;

(2)闭合操纵节副司机台或制动柜上的按钮开关 596SB,两节车辅助压缩机将同时打风,当辅助风缸压力达到 600 kPa 以上时,边打风边升弓合闸,并启动劈相机及压缩机;

(3)待总风缸压力达到 450 kPa 以上时,应及时断开 596SB,并开放 97 塞门,打开 169 塞门排除积水。

辅助压缩机打风时,应注意观察非操纵节辅助风缸压力显示,防止因非操纵节打风快造成风压偏高而损坏辅助压缩机。

65. 电空阀内部故障如何判断与处理?

答:(1)有电不吸合,手压动铁芯后性能正常,系线圈断线或烧损,则更换。

(2)无电时,排风口有排风声,系下阀门漏。拆检下阀门,若有脏物堵塞,则清理即可;如阀门拉伤或阀座缺陷,则更换,在更换时需注意控制阀门行程。

(3)有电时,排风口有排风声,系上阀门漏,处理方法同第(2)项。

(4)手压动铁芯无行程或下压后不回弹,系组装不当或阀门及阀杆选配不当,重新组装并检查行程。

66. 不接重联线机车作为补机运行时,对制动机的处理方法是什么?

答:(1)将操纵节电空制动控制器手柄由"重联"位取出,空气制动阀手柄在"运转"位;

(2)开放操纵节分配阀缓解塞门 156;

(3)93 重联阀操纵节置"本机"位,非操纵节置"补机"位;

(4)如无电空制动电源,还应将中继阀座下方的制动管塞门 115 关闭。

67. 双机重联连接重联线时,对制动机的处理方法是什么?

答:(1)两台机车连挂好后,分别将制动主管、总风管、两根平均管连好,开放折角塞门;

(2) 93 重联阀,操纵节置"本机"位,非操纵节包括重联机车的两节车均置"补机"位;

(3)非操纵节包括重联机车的两节车,电空制动控制器手柄由"重联"位取出,空气制动阀手柄由"运转"位取出;

(4)进行制动机机能试验,确认各部作用正常后方可进行重联运行。

68. 机车撒砂量的调整方法是什么?

答:机车撒砂量的调整是靠改变调整螺栓的位置,即改变进风量大小来实现的。

(1)调整时,可用扳手先将调整螺栓的防缓螺母拧松,再扳动调整螺栓,拧到进风量适当的位置后,将防缓螺母拧紧。

(2)调整螺栓的调整量是10 mm,撒砂量以2~3 kg/min为宜。

69. 重联电空阀259YV故障时的处理方法是什么?

答:(1)259YV不失电或下阀口泄漏,在“运转”位连挂车辆10辆以上充不起风;制动时均衡风缸压力下降非常缓慢,甚至均衡风缸只排风而压力不下降,可转“空气”位操纵,回段检修。

(2)259YV不吸合,若机车重联时,作为补机有此故障的同时,中继阀遮断阀在“开”位不复位,将造成本务机减压,补机充风的险性后果;作为本务机牵引列车时,不影响运行,可不做处理。在重联牵引时,补机必须关闭115塞门。

70. 用通风机代替故障劈相机的方法是什么?

答:(1)代替条件为①劈相机烧损、②201KM故障、③启动电阻烧损。

(2)201KM接触器熔结,撬开装好灭弧罩或拆线包好绝缘。

(3)“劈相机故障”开关置“2”(1FD)位,296QS置“故障”位,用牵引风机代替劈相机(要注意网压接近25 kV,方可用1FD代替PX)。

(4)大同机车厂生产的机车,遇启动电阻烧损不用通风机代替,把298QS置另一位,重新启动。

71. 调整QIY型调压阀输出压力的方法是什么?

答:调压阀的输出压力值可通过调节手轮来调整。

(1)首先将防缓螺母松开,顺时针方向旋转手轮,通过丝杠压缩一、二级弹簧,迫使膜板下凹,通过顶杆压缩进气阀弹簧开放进气口。总风压力空气由进气口流向另一端输出口,使输出压力增高。

(2)反之,逆时针方向旋转手轮,则使输出压降低,调整到规定压力后拧紧防缓螺母。

72. 调整高压安全阀的方法是什么?

答:风源系统的高压安全阀其整定值为(950±20)kPa。

(1)调整时首先松开防缓螺母,顺时针拧动弹簧盒,增大弹簧压力,使其整定值增高;

(2)逆时针拧动弹簧盒,使其整定值降低;

(3)达到规定的整定压力(950±20)kPa后,用锁紧螺母锁紧,再用专用止挡定位,并加铅封标记,以使整定压力值准确可靠。

73. SS_{4G}型电力机车主台“牵引电机”灯亮,副台某牵引电机灯亮,牵引电机过载,跳主断路器或窜车时的处理方法是什么?

答:(1)重新合闸;

(2)仍跳主断路器时,转换电子柜A/B组;

(3)切除故障电机;

(4)仍无效,拔 458、468 插头,切除相应的牵引电机闸刀;

(5)切除功补 678 插头。

74. DK-1 型制动机,中立电空阀 253YV 故障时的处理方法是什么?

答:(1)电空制动控制器置"运转"位,253YV 不失电或卡位,"电空"位和"空气"位制动管均不充风,应关闭 157 塞门,以排尽屏柜中总风余风,使遮断阀复位,或敲打遮断阀体使其复位;均无效时,则应抽出遮断阀以维持运行,回段更换。

(2)"中立"位保压时 253YV 不得电,相当于有补风功能。可不必处理,维持运行,但必须注意掌握好制动时机及时追加减压,防止补风造成车辆缓解。

75. DK-1 型制动机重联时,中继阀排风不止的处理方法是什么?

答:(1)原因

①电空制动控制器 801 线无电;

②电空制动控制器 821 线无电;

③259YV 重联电空阀故障。

(2)处理

①电空制动控制器置"运转"位,手按 483SB 消除按钮,259YV 重联阀能吸合为电空制动控制器 821 线无电、259YV 重联电空阀故障;

②处理相应接点或将中继阀制动管塞门 115 关闭。

76. DK-1 型制动机中继阀的遮断阀固定在"关闭"位,造成"电空"位和"空气"位制动管均不充风的处理方法是什么?

答:(1)关闭制动柜背后的 114、115 塞门;

(2)用 14 mm 扳手卸下遮断阀左侧端盖螺栓;

(3)用 24 mm 扳手卸下遮断阀右侧螺堵;

(4)用螺丝刀从右侧向左侧将阀顶出;

(5)紧固好端盖及螺堵,开放 114、115 塞门;

(6)处理后操纵上应注意,因遮断阀取出,相当于在"补风"位,应防止制动后因泄漏向制动管补风造成列车自动缓解。

77. DK-1 型制动机中继阀主活塞卡住,造成"电空"位和"空气"位制动管不充风的处理方法是什么?

答:(1)处理程序

①首先确认中立电空阀及遮断阀作用良好,用小管钳松下右侧螺堵;

②用尖嘴钳子夹出供风阀;

③将螺堵紧固。

(2)处理后的操纵注意事项

①用电空制动控制器的“运转”位控制总风缸向制动管充风；

②用电空制动控制器的“中立”位控制制动管停止充风；

③施行制动时,开放121塞门减压,并将电空制动控制器放“中立”位。

78. DK-1型制动机电空制动控制器手柄置“制动”位,均衡风缸不减压的原因及处理方法是什么?

答:(1)原因

①压力开关209膜板破裂；

②缓解电空阀258YV下阀口漏。

(2)处理

运行中电空制动控制器手柄置“中立”位,使用121塞门减压,停车后转“空气”位操作,回段检修。

79. DK-1型制动机电空制动控制器常用制动起紧急制动的原因及处理方法是什么?

答:(1)原因

紧急放风阀故障。

(2)处理

关闭紧急放风阀上116塞门,维持运行回段检修。运行中应随时注意观察制动管风压,如出现风压自动下降应迅速将电空制动控制器手柄移至“中立”位,处于牵引工况应及时断开主断路器。

80. HXD_1型电力机车如何进行微机复位操作?

答:(1)微机一般复位

微机系统故障可以通过按下司机操纵台上的微机复位按钮大于1 s,大约15 s故障会被清除。

(2)微机大复位

运行途中机车发生故障,如一般复位无法清除时,需微机系统大复位时,必须停车复位,司机应根据线路情况确定好具体的停车地点。复位前司机手柄置“0”位、分主断路器、降弓后,保持电钥匙闭合位进行复位。

断开两节车大复位开关,复位的时间保持60 s以上,微机系统重新上电后,待自检完成后,升弓、合主断路器。

注意:

①大复位会触发惩罚制动。惩罚制动的缓解:将自动制动阀(大闸)置于“抑制”位不少于1 s,确认惩罚制动消除,牵引给流正常,自动制动阀(大闸)再置于“运转”位方可缓解列车制动。

②大复位操作时，停放制动会自动施加，开车前必须人工按压停放制动缓解按钮。

81. 劈相机启动故障的判断及处理方法是什么？

答：(1)启动劈相机时，“劈相机”灯超过 5 s 不灭，应立即断开劈相机扳键开关，检查劈相机自动开关是否脱落，若自动开关正常则进行逻辑控制单元 LCU1、LCU2 柜 A/B 组转换。

(2)仍无法启动劈相机时，将故障节劈相机隔离开关 242QS 置“通风机”位，启动电阻转换开关 296QS 置“电容”位，用第一牵引通风机代替劈相机。此时操纵台劈相机指示灯应常亮。

要注意网压高于 22 kV 时，方可用第一牵引通风机电容启动代替劈相机，代替后仍用劈相机扳钮控制，劈相机灯亮为正常，确认辅助回路灯亮后又灭为正常。

(3)闭合劈相机扳钮两节车“劈相机”灯均不亮：

①反复活动几次劈相机扳钮。

②检查闭合 605QA。

③将 591QS 置于“自起”位。

④如果劈相机扳钮故障时，可待升弓合闸后分别使 567KA 固定在“吸合”位，注意过分相前提前将 567KA 释放，过分相后再闭合 567KA 启动劈相机。

(4)闭合劈相机扳钮有一节车劈相机灯不亮：

①劈相机启动正常，劈相机灯不亮维持运行。

②567KA 故障可人工固定闭合。

(5)闭合劈相机扳钮劈相机灯不灭：

①显示 3 s 后灯不灭，立即断电关闭劈相机扳钮。

②劈相机启动电阻甩不开，启动劈相机 3 s 后，人工捅 566KA。若 213KM 焊接，切除该节车。

82. SS_{4G} 型电力机车牵引无流的处理方法是什么？

答：(1)两节机车无流时

①换向手柄置“前”或“后”位，“预备”灯不灭，按照预备灯不灭故障处理。

a. 进行逻辑控制单元 LCU1、LCU2 柜 A/B 组转换。

b. 确认风机工作正常，把各风速隔离开关置于“故障”位。

c. 进行电子柜 A/B 组转换。

d. 甩掉故障单节运行。

e. 当单节机车牵引困难或处于站内有时间处理时，检查二位置转换开关，不转换时，先将换向手柄至所需位置，人工进行转换到位，转换后严禁使用电阻制动。进入高压室操作时，必须降弓取出电钥匙。

②556KA 卡劲，人工闭合操纵节 556KA。

③两节车电子柜 A/B 组转换开关均置“B”组。

④确认其他司机控制器在“0”位。

⑤确认非操纵节电钥匙开关 570QS 断开。

⑥使用辅台操纵，维持运行，注意移动手柄要慢。

⑦确认操纵节569KA应不吸合，非操纵节569KA应吸合。

(2)一节机车无流时

①转换电子柜A/B组。

②确认10QP、60QP在“运转”位，低压联锁良好。

③检查532KT衔铁是否下垂，确认532KT吸合。

④故障节556KA抗劲，人工闭合556KA，切除故章节机车维持运行。

(3)注意事项

①电子柜A/B组转换时，必须在主手柄回“0”位时进行。

②两节车必须一致，转换时应在“0”位停留3 s，再转换。

③切不可将575QS、576QS同时置“故障”位。

83. SS4G型电力机车主接地、辅接地处理方法是什么？

答：(1)主电路接地故障处理

①电阻制动接地时，停用电阻制动。

②逐各断开牵引电机隔离开关，找出有接地故障的牵引电机，并将其切除。

③降受电弓，取出电钥匙，检查各高压电器柜无异状，分别将两个高压柜内的主接地隔离开关(95QS、96QS)置“故障”位。

④进行逻辑控制单元LCU1、LCU2柜A/B组转换。

(2)辅助电路接地故障处理

①断开故障节辅助设备(电炉、窗加热、壁炉、空调等)。

②将辅接地隔离开关237QS置“故障”位，维持运行，加强巡视。

③进行逻辑控制单元LCU1、LCU2柜A/B组转换。

84. 牵引风机故障时的处理方法是什么？

答：(1)牵引风机不能启动时的处理

①断合几次通风机开关，消除开关不良接点。

②主手柄提1.5级以上使用风机自起。

③断开电钥匙570QS，将操纵节Ⅰ号、Ⅱ号低压柜逻辑控制单元(LCU)进行A/B组转换。

(2)切除故障的牵引风机

牵引风机故障时，检查牵引风机接触器主触头有无烧损、焊接，如接触器触头焊接，则将触头撬开后装好灭弧罩或将接触器接线拆下后进行包扎绝缘处理。将故障的牵引风机故障开关置“故障”位。

使用电阻制动时，应先断开主断路器、降下受电弓后，将相应的牵引电机故障隔离开关闸刀置“故障”位(向下闭合)。

85. 闭合受电弓扳钮升不起受电弓的处理方法是什么?

答:(1)升另一节车的受电弓。

(2)关好两节的各室门,确认控制风路风压达 500 kPa;

(3)电空阀 287YV 不吸合时,人工使其固定在“吸合”位。

(4)515KF 闭合不良时,人工闭合。

(5)升弓电空阀 1YV 不吸合时,人工固定在“吸合”位,须降弓时,断开钥匙开关。(严禁 287YV、1YV 同时固定在“吸合”位)

(6)一节车有控制风压,另一节车无控制风压时,将无风节 515KF 的 N533b、N534b 短接,确认无风节各室无人断开主断路器,关闭各室门,236QS 置“故障”位后升弓,总风缸打满风后拆除短接线,恢复 236QS 正常位。

(7)切除自动降弓装置。

86. 主断路器不闭合的处理方法是什么?

答:(1)司机控制器手柄回“0”位,“零位”灯亮,各辅机扳键置于“断开”位,重新闭合主断路器。

(2)确认空气管路各塞门处于正常位置,风压高于 600 kPa。

(3)电子柜逻辑控制单元 LCU1、LCU2 柜 A/B 组转换,主断路器控制器置“停用”位,重新闭合主断路器。

(4)过分相后合不上,则关闭自动过分相装置,同时要进行电子柜 A/B 组转换。

(5)检查操纵台上紧急制动按钮状态,使其处于“断开”位(此按钮为非自复式)。

87. 发生弓网故障时的处理方法是什么?

答:(1)发生受电弓刮接触网故障后立即停车,马上将列车车次、机车号码、司机姓名、刮弓地点通知车站或列车调度员,并申请停电,关闭两节车 97 号塞门等待。

(2)接到列车调度员(供电调度员)停电命令后,将调度命令的日期、电调姓名、命令号码、停电区段、停电起止时间记入司机手册,二人核对后迅速通知本段,取得领导批准方可执行。

(3)到达停电时间后,在停电时间内,从车上取出接地杆、接地线放置车下,取出绝缘鞋、绝缘帽、绝缘手套放置在车下。

(4)升前弓 ,确认前弓升起并确认无网压显示;再合主断路器,“主断”灯灭,再合劈相机,确认主断路器自动跳开,“主断”灯、“零压”灯亮后,降下前弓。

(5)下车将两根接地杆旋转连接,将接地线固定在前节车左 1 轴箱端盖螺母上,穿戴绝缘鞋、绝缘帽、绝缘手套,将接地线钩头挂在机车前端接触网上。

(6)携带手锤、克丝钳、铁丝等工具从后节车第二牵引通风机处开锁经天窗上车顶,将故障受电弓损坏部分折下,将弓头、弓架捆绑牢固,不允许受电弓任何一点与机车车顶接触,防止接地。

(7)处理完毕后,整理折下的部件和工具,确认车顶无工具、部件后,下车顶,关闭车顶门并锁闭,将故障节升弓电空阀 1YV 的 143 塞门关闭,并将故障节第一低压柜上的受电弓故障开关 587QS 置“故障”位。

(8)撤除地线时,先摘下与接触网连接的一端,再从轴头端盖上摘下接地线另一端。上车后向供电调度员申请送电。接到来电通知后，打开两节车 97 号塞门，升前弓合闸打风，试闸后恢复运行，回段填写书面报告。

88. 电空制动控制器手柄在"紧急"位，不起紧急制动如何判断并处理？

答：(1)判断

①电空制动控制器触指接触不良，使导线 804 不得电。

②电动放风阀磨板破损。

(2)处理

遇紧急情况时，电空制动控制器置"紧急"位，立即拉下紧急制动阀 121 手柄，使 121 塞门开放。

89. 电空制动控制器手柄置"制动"位，均衡风缸、制动管不减压的检查处理方法是什么？

答：(1)先转换"空气"位进行减压制动，有条件时恢复"电空"位。

(2)电空制动控制器手柄置"制动"位，检查制动电控阀 257YV 是否排风，如不排风，看是否吸合，如吸合，可将 260 V 二极管接线拆开；如 257YV 不吸合，使用"空气"位操作维持运行，回段处理。

90. 常用制动电空阀 CZDF-1 故障时的处理方法是什么？

答：(1)判断

监控记录装置发出常用制动指令，列车实施常用制动后，均衡风缸空气压力排至规定减压量后继续排风，均衡风缸排风直至 0，当缓解列车制动时，均衡风缸充风无效，列车制动不能缓解时，为常用制动电空阀 CZDF-1 在作用位卡住，使排风口不能关闭。

(2)处理

将电空阀 CZDF-1 上的故障旋钮向"故障"位方向转动，使常开故障阀呈"关闭"位，遮断均衡风缸管与 CZDF-1 排风口的通路后，向列车管充风，缓解列车制动。处理后因均衡风缸管的排风口被关闭，监控记录装置发出常用制动指令时，无自动常用制动作用。

91. "电空"位故障转"空气"位操纵方法是什么？

答：(1)转换方法

①将操纵节空气制动阀手柄移至"缓解"位，将"电一空"转换扳钮置"空气"位。

②空气制动阀置"缓解"位将其下方调压阀 53 号输出压力调整为列车制动管规定压力(500 kPa 或 600 kPa)，以均衡风缸压力表显示为准。

③将空气制动柜的转换阀 153 号置"空气"位。

④若转"空气"位均衡风缸充风正常，列车管不充风，可将控制电源柜"电空制动"电源自动开关 615QA 断开。

(2)操纵注意事项

①需缓解机车时，应下压空气制动阀手柄。

②需要紧急制动时，可按下紧急制动按钮或迅速打开紧急制动阀塞门 121 号，并将空气制动阀的手柄移向“制动”位。

③“空气”位操纵时，列车管若泄漏会得到补风，要注意速度变化及进行追加减压，以免发生车辆陆续自然缓解。

④若非操纵节处于“空气”位，或者处于“电空”位但无电空制动电源，应将非操纵节机车中继阀的制动管塞门 115 号关闭。

92. SS4G 型电力机车原边过流的处理方法是什么？

答：(1)转换电子柜 A/B 组。

(2)“原边过流”灯亮，某位牵引电机过载跳闸。

(3)手轮离开“0”位或电压上升至 500 V 左右跳闸，“原边过流”灯亮，拔 75 号或 76 号插头。

(4)主断路器合闸就跳闸，“原边过流”灯亮或无规则发生原边过流，切除功率补偿装置 PFC。

93. SS4G 型电力机车辅助电路过流的处理方法是什么？

答：(1)检查各辅机自动开关是否跳开，有跳开时使其重新闭合。闭合方法：先将开关下压到位后，再向上扳动使其闭合。

(2)检查各辅机及其接触器，发现故障时，通过相应的辅机故障开关切除辅机。

(3)进行电子柜逻辑控制单元 LCU1、LCU2 柜 A/B 组转换。

说明：若切除某牵引风机，与其对应的转向架无牵引、制动电流；若切除某制动风机，与其对应的转向架无制动电流。如切除的是变压器油泵电机或变压器风机时，应加强巡视，关注主变压器油温不能超过 75 ℃，必要时可采取切除该节车的方法维持运行。

94. SS4G 型电力机车“电子柜预备”灯不灭的故障处理方法是什么？

答：(1)转换电源柜 A/B 组开关。

(2)控制电压不在 77～130 V 范围内，拉“负载”闸刀及蓄电池闸刀，闭合重联闸刀。

(3)检查“电子控制”自动开关。

(4)两节车电子柜 A/B 组开关均置 A 组或 B 组。

(5)拔掉高压柜上 45 号或 46 号插头，或开关柜上 67 号插头，切除相应的牵引电机闸刀。

(6)拔掉空转传感器 1～4 插头(A 组运行切除防空转插件)。

(7)拔掉 75 号或 76 号插头。

(8)非操纵节“电子柜预备”灯不灭，电子柜 A/B 组开关置“中间”位或切除该节机车。

95. SS4G 型电力机车底部前半部检查程序及要求是什么？

答：(1)排障器内侧

①排障器安装牢固，无变形。

②自动信号接收装置支架牢固无开焊。

③接收装置导线无破损、松动、脱落，线圈距轨面高度130～160 mm。

(2)车钩缓冲装置

①牵引销套无窜动，止退销螺母无松动，开口销完好。

②弹簧箱体及尾框无裂纹。

③前后丛板与尾框无贯通间隙。

④托板螺栓齐全牢固。

(3)车体牵引梁及牵引装置

①车体牵引梁与车体连接处各补强板无裂纹、开焊、变形。

②牵引座无裂纹，牵引座与梁连接螺栓紧固，无松动。

③牵引橡胶垫无老化现象。

④橡胶垫压盖良好无裂纹，压盖螺栓及防缓螺栓紧固。

⑤牵引叉头完好无开焊，叉头与牵引杆连接状态完好，连接螺栓紧固，开口销良好。

⑥牵引叉头油堵完好，油润良好。

(4)左右扫石器

①排石器支架牢固无开焊。

②扫石器调整螺栓齐全牢固。

③排石器距轨面高度50～80 mm，扫石器距轨面高度20～25 mm，扫石器胶皮距轨面高度10～15 mm。

(5)左右侧第一砂箱

①箱体及支架无裂纹，安装螺栓无松动。

②撒砂器、撒砂管安装牢固。

③撒砂器风管、砂管、清扫堵及调整螺栓齐全牢固。

④砂管吊铁无裂纹，"U"形卡子无松缓。

⑤砂管口畅通，无偏斜变形，距轨面高度应为30～35 mm。

(6)转向架前端梁及三角撑杆座

①端梁各部无裂纹。

②各风管卡子牢固，接头无松漏、软管无破损。

③三角撑杆座无裂纹，各连接螺栓紧固，无松动。

(7)三角撑杆

①三角撑杆各处无裂纹。

②三角撑杆与牵引梁、三角架连接螺栓紧固，开口销良好。

③各油堵完好。

(8)第一动轮

①轮箍、轮辐无裂纹。

②车轮踏面擦伤深度不大于0.7 mm，剥离长度不大于40 mm，深度不大于1 mm。

③轮缘无碾堆，垂直磨耗高度不大于 18 mm；轮缘厚度在距其顶点 18 mm 处测量为 23～33 mm。

④轮缘喷油器喷嘴齐全，位置正确。

(9)人力制动机

①传动臂各轴销及开口销齐全。

②链条、链轮状态完好，链轮油润良好。

(10)第一牵引电机上部

①风筒无破损，合口严密无错位。

②电机上检查孔盖锁闭严密。

③电机母线无破损，夹板螺栓齐全，紧固。

④接线盒盖严密。

(11)第一齿轮箱

①箱体无裂纹，变形。

②合口螺栓齐全紧固，安装螺栓齐全紧固。

③阀盖完好牢固、油位正确。

④领圈合口处完好无漏油。

⑤放油堵无松动、漏油。

(12)第一抱轴承

①箱体无变形裂漏，各安装螺栓不松动，合口严密不漏油。

②油箱盖严密，油表完好，油位应在上、下刻线之间。

③放油堵无松动、漏油。

④轴承温度正常。

(13)第一牵引电机端部

①电机网盖螺栓齐全，通风网无破损。

②轴承无过热，注油堵无松动破损。

(14)第一动轮制动器

①闸瓦托调整弹簧无折损。

②制动缸座无开焊。

③调整手轮作用良好。

④脱钩装置位置正确。

⑤闸瓦安装正确，锁闭销良好。

⑥闸瓦、吊杆螺栓紧固，开口销良好，油润良好。

⑦闸瓦无偏磨裂纹，厚度不小于 10 mm。

⑧闸瓦与车轮踏面缓解间隙为 6～9 mm。

⑨传动杆注油堵无松动破损。

(15)牵引装置

①三角架各处无裂纹。

②三角架与牵引梁上的三角架座连接状态良好,连接螺栓无松动。开口销良好。

③油堵完好,油润良好。

(16)第一电机悬挂装置

①各部无裂纹,橡胶件无老化、龟裂。

②安装螺栓无松动,卡板无松动,开口销良好。

③安全托铁牢固,与安全座垂直间隙不小于 20 mm,电机与安全托铁故障搭接量不小于 15 mm。

④注油堵无松动破损,润滑良好。

(17)第一转向架牵引梁

①构架牵引梁与侧梁焊接部无开焊。

②牵引梁主体无变形开焊。

③三角架座焊接良好,无开焊。

(18)第一牵引电机内部

①电机检查孔盖严密,锁闭作用良好,上通风网无破损。

②电机内部清洁无异物,轴承油封无甩油。

③换向器表面无拉伤、灼痕,表面磨耗量不大于 0.5 mm,云母槽深度不小于 0.5 mm。

④刷架圈定位卡子位置正确,弹簧无折损。

⑤刷架圈调整螺母无松动。

⑥刷辫螺栓无松动,刷辫无破损。

⑦刷握无松动,弹簧及压指无折损,压指应在工作位。

⑧电刷无卡滞破损,磨耗不超限,与换向器接触面不少于 80%,同一副电刷两片长度差不大于 1 mm,同一刷盒内电刷长度差不大于 10 mm。

⑨绝缘瓷瓶清洁无裂损,接线端子无松动。

⑩各绕组无烧损击穿。

(19)人力制动机传动装置

各传动杆件无变形裂纹,穿销、开口销齐全完好。

(20)第二牵引电机悬挂装置

①各部无裂纹,橡胶件无老化、龟裂。

②安装螺栓无松动,卡板无松动,开口销良好。

③安全托铁牢固,与安全座垂直间隙不小于 20 mm,电机与安全托铁故障搭接量不小于 15 mm。

④注油堵无松动破损,润滑良好。

(21)第二动轮制动器

①闸瓦托调整弹簧无折损。

②制动缸座无开焊。

③调整手轮作用良好。

④脱钩装置位置正确。

⑤闸瓦安装正确，锁闭销良好。

⑥闸瓦、吊杆螺栓紧固，开口销良好，油润良好。

⑦闸瓦无偏磨裂纹，厚度不小于 10 mm。

⑧闸瓦与车轮踏面缓解间隙为 6～9 mm。

⑨传动杆注油堵无松动破损。

(22)第二牵引电机内部

①电机检查孔盖严密，锁闭作用良好，上通风网无破损。

②电机内部清洁无异物，轴承油封无甩油。

③换向器表面无拉伤、灼痕，表面磨耗量不大于 0.5 mm，云母槽深度不小于 0.5 mm。

④刷架圈定位卡子位置正确，弹簧无折损。

⑤刷架圈调整螺母无松动。

⑥刷辫螺栓无松动，刷辫无破损。

⑦刷握无松动，弹簧及压指无折损，压指应在工作位。

⑧电刷无卡滞破损，磨耗不超限，与换向器接触面不少于 80%，同一副电刷两片长度差不大于 1 mm，同一刷盒内电刷长度差不大于 10 mm。

⑨绝缘瓷瓶清洁无裂损，接线端子无松动。

⑩各绕组无烧损击穿。

(23)第二齿轮箱

①箱体无裂纹，变形。

②合口螺栓齐全紧固，安装螺栓齐全紧固。

③阀盖完好牢固、油位正确。

④领圈合口处完好无漏油。

⑤放油堵无松动、漏油。

(24)第二抱轴承

①箱体无变形裂漏，各安装螺栓不松动，合口严密不漏油。

②油箱盖严密，油表完好，油位应在上、下刻线之间。

③放油堵无松动、漏油。

④轴承温度正常。

(25)第二动轮

①轮箍、轮辐无裂纹。

②车轮踏面擦伤深度不大于 0.7 mm，剥离长度不大于 40 mm，深度不大于 1 mm。

③轮缘无碾堆，垂直磨耗高度不大于 18 mm；轮缘厚度在距其顶点 18 mm 处测量为 23～33 mm。

④轮缘喷油器喷嘴齐全，位置正确。

(26)第一转向架后端梁

①端梁各部无变形裂纹。

②各风管卡子牢固,接头无松漏,软管无破损。

(27)左右侧第二砂箱

①箱体及支架无裂纹,安装螺栓无松动。

②撒砂器、撒砂管安装牢固。

③撒砂器风管、砂管、清扫堵及调整螺栓齐全牢固。

④砂管吊铁无裂纹,"U"形卡子无松缓。

⑤砂管口畅通,无偏斜变形,距轨面高度应为30～35 mm。

(28)二端制动风机通风网

通风网无异物,无破损。

(29)主变压器下部

①放油阀良好,无松漏。

②变压器体无碰伤,各部无开焊。

(30)总风缸(91、92)

①安装带紧固无开焊窜位,各螺栓无松动。

②各塞门位置正确。

96. DK-1型制动机中继阀主活塞卡住,造成"电空"位和"空气"位制动管不充风的处理方法是什么?

答:(1)处理程序

①首先确认中立电空阀及遮断阀作用良好,用小管钳松下右侧螺堵;

②用尖嘴钳子夹出供风阀;

③将螺堵紧固。

(2)处理后的操纵注意事项

①用电空制动控制器的"运转"位控制总风缸向制动管充风;

②用电空制动控制器的"中立"位控制制动管停止充风;

③施行制动时,开放121塞门减压,并将电空制动控制器放"中立"位。

97. SS4G型电力机车Ⅰ号低压柜正面检查程序是什么?

答:①各时间继电器、中间继电器、电压继电器状态良好,接线无松脱。

②各接触器、三相自动开关接线良好,动作状态良好,各部无过热现象。

③零压保护装置整流板、辅接地保护整流板接线完好。

④零压保护装置变压器281TC安装牢固,接线无松脱。

⑤电子延时继电器安装牢固接线良好,无松脱,外罩完好。

⑥二极管(503 V、504 V、509 V)安装牢固,接线无松脱。

⑦各电阻、电容器安装牢固,接线良好,无过热变色。

⑧端子板接线无松脱,各插座牢固,接线无破损脱落。

⑨逻辑控制单元(LCU)指示灯显示正常。

98. SS_{4G} 型电力机车车顶部检查程序是什么?

答:(1)车顶门附近

①脚蹬牢固,车顶门挂钩锁闭良好,密封良好,门联锁行程开关(297QP)安装牢固,作用良好,接线无松脱。

②高压报警器,安装牢固,接线无松脱,显示正确。

③高压隔离开关手轮转动灵活。

(2)高压连接器

①连接触头良好,工作状态稳定。

②各瓷瓶清洁,无裂纹、无破损,安装牢固,无放电痕迹,缺损面积大于 3 cm^2 时应更换。

③导电杆安装牢固,连接螺栓紧固良好。

(3)高压电压互感器

①各瓷瓶无裂纹及放电痕迹。

②接线牢固,接地良好。

③无漏油和严重渗油。

④油压表玻璃无破损,油位符合要求。

(4)主断路器上部

①导电杆安装牢固,各瓷瓶清洁,无裂纹及破损,安装牢固,无放电痕迹。

②隔离开关动、静触头无松动、烧损、闭合不过位,触头厚度不小于 8 mm,超程不小于 1 mm。

③软线及连接螺栓牢固,无烧损。

(5)避雷器

①安装牢固,接线无松脱。

②瓷瓶清洁,无裂纹、无破损、无放电痕迹。

(6)高压电流互感器

①安装牢固,密封良好,接线无松脱。

②瓷瓶清洁,无裂纹、无破损、无放电痕迹。

(7)受电弓

①框架、上下支撑杆、推杆、平衡杆、弓头安装牢固、无变形,锁环无裂纹。

②滑板条厚度小于 25 mm 时应更换。

③弓头弹簧盒作用灵活,弓头连接销,开口销齐全完好。

④各连线无松脱,断股不得超过 10%。

⑤阻尼器安装牢固无漏油、断裂。

⑥各支撑瓷瓶安装牢固,无断裂、无放电痕迹,缺损面积大于 3 cm^2 时应更换。

⑦升弓供风胶管无老化、破损，螺母无松动。

⑧快速降弓风管安装牢固无老化、破损。

⑨注油口严密，定期注入专用油脂。

(8)导电杆

①导电杆卡子无松动，支撑瓷瓶清洁完整，安装牢固，无断裂、无放电痕迹。

②连接软线螺栓无松动，软线断股不得超过10%。

(9)无线电话接收器

安装牢固、状态良好，接线无松动。

(10)风笛

风笛安装牢固，喇叭口清洁无异物，风管接头无松漏。

检查完毕，关闭车顶门，并锁闭。

99. SS4G 型电力机车高压室内检查程序是什么？

答：(1)第二牵引风机组

①门联锁杆完整无变形，门完好，网无破损。

②风筒无损坏，卡子齐全，作用良好。

③电机安装螺栓牢固，无过热烧损。

④电机接线盒牢固，接线无松脱。

⑤轴承注油堵齐全无损坏。

(2)Ⅱ号低压柜上部

①各插座安装紧固，接线不松脱。

②各塞门在“开放”位。

(3)Ⅱ号低压柜柜门

①柜门作用良好，无损坏。

②门正面各故障隔离开关均在正常位。

③门背面各故障隔离开关安装牢固，接线无松脱。

(4)Ⅱ号低压柜正面

①各时间继电器、中间继电器、电压继电器状态良好，接线无松脱。

②各接触器状态良好，接线无过热、松脱，低压联锁良好。

③电子延时继电器安装牢固接线良好，无松脱，外罩完好。

④各闸刀位置正确，接触良好无烧损。

⑤各电阻、电容器安装牢固，接线良好，无过热变色。

⑥端子板接线无松脱，各插座牢固，接线无破损脱落。

100. DK-1 型电空制动机机能试验程序及要求是什么？

答：(1)第1步

①电空制动控制器、空气制动阀手柄“运转”位

确认制动主管、均衡风缸压力为规定压力(600 kPa),机车制动缸压力为 0。

②电空制动控制器(大闸)由“运转”位移至“紧急”位

制动管压力在 3 s 内降为 0。制动缸压力在 5 s 内升至 400 kPa,最高压力为 450 kPa,分配阀安全阀喷气,自动撒砂,有牵引级位时自动切除主断路器。

③空气制动阀(小闸)由“运转”位移至“缓解”位,并下压空气制动阀手柄

制动缸压力应缓解到 0,松开空气制动阀手柄,制动缸压力不得回升。

④空气制动阀(小闸)由“缓解”位移至“运转”位,将电空制动控制器(大闸)手柄由“紧急”位移回“运转”位

制动主管压力由 0 升至 580 kPa 时间不大于 9 s。

(2)第 2 步

①电空制动控制器(大闸)手柄由“运转”位移至“制动”位

均衡风缸减压 140 kPa 的时间 5～7 s,制动缸压力升至 360 kPa 的时间为 6～8 s。

②电空制动控制器(大闸)回“运转”位制动管充满风后置“制动”位初制动

列车管减压 40～50 kPa,制动缸压力为 90～130 kPa。

③电空制动控制器(大闸)回“中立”位

均衡风缸、制动主管泄漏量每分钟分别不大于 5 kPa 和 10 kPa。

④电空制动控制器(大闸)再追加减压至 100 kPa

制动缸压力为 240～270 kPa。

⑤电空制动控制器(大闸)回“中立”位,关制动缸供给塞门制动缸泄漏量每分钟不大于 10 kPa。

⑥电空制动控制器(大闸)再追加减压至 140 kPa

制动缸压力为 340～380 kPa。

⑦电空制动控制器(大闸)手柄置“过充”位

均衡风缸恢复 600 kPa,制动主管超过定压 30～40 kPa,制动缸压力不变。

⑧电空制动控制器(大闸)手柄回至“运转”位

制动管过充压力消除时间为 120～180 s,制动缸压力缓解至 0。

(3)第 3 步

①空气制动阀(小闸)由“运转”位移至“制动”位

制动缸压力上升 300 kPa 的时间不大于 4 s。

②空气制动阀(小闸)由“制动”位回“中立”位

制动缸压力不变。

③空气制动阀(小闸)回“运转”位

制动缸压力由 300 kPa 降至 40 kPa 的时间不大于 5 s。

(4)第 4 步

将电空制动转换开关转置“空气”位,调整调压阀 53 压力为 600 kPa。空气制动阀手柄往复于“缓解”位～“制动”位

校对均衡风缸、制动主管压力是否达到规定压力。

(5)第 5 步

①空气制动阀(小闸)由“缓解”位移至“制动”位

均衡风缸减压 140 kPa,时间为 5～7 s。

②空气制动阀(小闸)由“制动”位回“中立”位并下压空气制动阀(小闸)手柄

制动缸压力应能缓解,停止下压,制动缸压力停止下降。

③将空气制动阀(小闸)手柄由“中立”位移至“缓解”位

均衡风缸、制动管恢复规定压力。

④空气制动阀(小闸)手柄在“缓解”位下压手柄

制动缸压力应缓解至 0。

(6)第 6 步

“空气”位操作完毕后,将扳键开关恢复至“电空”位操作,调整调压阀 53 压力为 300 kPa。

将空气制动阀(小闸)手柄由“中立”位移至“缓解”位,再由“缓解”位移至“制动”位,制动缸压力为 300 kPa,回“运转”位。

(7)第 7 步

①电空制动控制器(大闸)手柄由“运转”位移至“制动”位

制动管减压 140 kPa,检查排风及制动缸压力是否正常。

②电空制动控制器(大闸)手柄回“中立”位

制动管、制动缸是否保压。

③电空制动控制器(大闸)手柄回“运转”位

均衡风缸、制动管恢复规定压力,制动缸压力为 0。

(8)第 8 步

①拉动手动放风阀手柄

应起紧急制动作用,制动主管压力 3 s 内降至 0,制动缸升至 450 kPa,主断路器跳闸(调速手轮离开“0”位时)。

②切断电空制动电源

应起常用制动作用。

③合上电空制动电源

应恢复正常。

④电阻制动联锁性能

换向手柄置“制”位,调速手柄置“1”级以上,应能有 50 kPa 减压量,制动缸升压,延时 25 s 后能自动缓解。

检查试验完毕后,调速手柄置回“0”位,换向手柄置“中立”位,将电空制动控制器(大闸)空气制动阀(小闸)置于规定位置。

S1 SS4G型电力机车故障判断处理

1. 考场要求

(1)考场环境:考场整洁并有隔离设施。

(2)考评员要求:考评员与考生的比例为5∶1,且考评员不得少于3名。

(3)评分方式:考评人员单独评分,考评人员评分的平均成绩为考生的成绩。

(4)设备工具要求:一台与报考车型相一致的机车。

2. 考试形式

实作考试。

3. 考试时间

10 min。

4. 合格标准

满分100分,60分及以上为合格。

职业技能等级认定
电力机车司机(技师)实作技能考核评分记录表

单位：________ 姓名：________ 性别：_____ 准考证号：________ 工种：________ 级别：________

试题名称：SS$_{4G}$型电力机车故障判断处理

考核时间：10 min

操作开始时间：　　时　　分　　　　　　　　操作结束时间：　　时　　分

项　目	考核内容及评分标准	扣分因素及扣分标准	得　分
作业程序(20分)	1. 考试前未检查机车安全防护设施，扣5分		
	2. 检查部件后未恢复原状态(每次)扣1分		
	3. 无口述作业方法或口述错误(每次)扣2分		
	4. 处理方法及程序错误(每次)扣2分		
作业质量(50分)	劈相机启动故障的判断处理： 1. 启动劈相机时，“劈相机”灯超过5 s不灭，应立即断开劈相机扳键开关，检查劈相机自动开关是否脱落，若自动开关正常则进行LCU1、LCU2柜A/B组转换。 2. 仍无法启动劈相机时，将故障节劈相机隔离开关242QS置“通风机”位，启动电阻转换开关296QS置“电容”位，用第一牵引通风机代替劈相机。此时操纵台劈相机指示灯应常亮。 要注意网压高于22 kV时，方可用第一牵引通风机电容启动代替劈相机，代替后仍用劈相机扳钮控制，劈相机灯亮为正常，确认辅助回路灯亮后又灭为正常。 3. 闭合劈相机扳钮两节车“劈相机”灯均不亮： ①反复活动几次劈相机扳钮。 ②检查闭合605QA。 ③将591QS置于“自起”位。 ④如果劈相机扳钮故障时，可待升弓合闸后分别使567KA固定在“吸合”位，注意过分相前提前将567KA释放，过分相后再闭合567KA启动劈相机。 4. 闭合劈相机扳钮有一节车劈相机灯不亮： ①劈相机启动正常，劈相机灯不亮维持运行。 ②567KA故障可人工固定闭合。 5. 闭合劈相机扳钮劈相机灯不灭： ①显示3 s后灯不灭，立即断电关闭劈相机扳钮。 ②劈相机启动电阻甩不开，启动劈相机3 s后，人工捅566KA。若213KM焊接，切除该节车。 ③如劈相机无声音，检查三相自动开关是否脱落，如脱落恢复后再重新启动		
工具装备(10分)	1. 工具乱放，每次扣2分		
	2. 工具使用不当，每次扣2分		
	3. 遗失工具，每次扣2分，损坏工具扣10分		
	4. 损坏机车设备，失格		
考核时间(10分)	1. 超过规定时间每超1 min，扣1分		
	2. 超过规定时间每超5 min以上每分钟(不包括5分)扣5分		
	3. 超过规定时间每超10 min以上(不包括10分)，失格		
作业安全(10分)	1. 违反安全作业规定(每次)扣2分，严重者失格		
	2. 操作失误，造成自动开关跳开失格		
	3. 考试过程中造成工伤，失格		
	4. 操作失误，由于短路等原因烧损电器失格		
合计(100分)			

考评员签名：　　　　　　　　　　　　认定人：　　　　　　　　　　　　年　　月　　日

S2 SS4G型电力机车牵引无流处理

1. 考场要求

(1)考场环境:考场整洁并有隔离设施。

(2)考评员要求:考评员与考生的比例为5∶1,且考评员不得少于3名。

(3)评分方式:考评人员单独评分,考评人员评分的平均成绩为考生的成绩。

(4)设备工具要求:一台与报考车型相一致的机车。

2. 考试形式

实作考试。

3. 考试时间

30 min。

4. 合格标准

满分100分,60分及以上为合格。

职业技能等级认定
电力机车司机(技师)实作技能考核评分记录表

单位:＿＿＿＿　姓名:＿＿＿＿　性别:＿＿　准考证号:＿＿＿＿　工种:＿＿＿＿　级别:＿＿＿＿

试题名称:SS_{4G}型电力机车牵引无流处理

考核时间:30 min

操作开始时间:　　时　　分　　　　　　操作结束时间:　　时　　分

项　目	考核内容及评分标准	扣分因素及扣分标准	得　分
作业程序(20分)	1. 考试前未检查机车安全防护设施,扣5分		
	2. 检查部件后未恢复原状态(每次)扣1分		
	3. 无口述作业方法或口述错误(每次)扣2分		
	4. 检查方法及程序错误(每次)扣2分		
作业质量(50分)	牵引无流的处理: (1)两节机车无流时 ①换向手柄置"前"或"后"位,"预备"灯不灭,按照预备灯不灭故障处理: a. 进行LCU1、LCU2柜A/B组转换。 b. 确认风机工作正常,把各风速隔离开关置于"故障"位。 c. 进行电子柜A/B组转换。 d. 甩掉故障单节运行。 e. 当单节机车牵引困难或处于站内有时间处理时,检查二位置转换开关,不转换时,先将换向手柄置所需位置,人工进行转换到位,转换后严禁使用电阻制动。进入高压室操作时,必须降弓取出电钥匙。 ②556KA卡劲,人工闭合操纵节556KA。 ③两节车电子柜A/B组转换开关均置"B"组。 ④确认其他司机控制器在"0"位。 ⑤确认非操纵节电钥匙开关570QS断开。 ⑥使用辅台操纵,维持运行,注意移动手柄要慢。 ⑦确认操纵节569KA应不吸合,非操纵节569KA应吸合。 (2)一节机车无流时 ①转换电子柜A/B组。 ②确认10QP、60QP在"运转"位,低压联锁良好。 ③检查532KT衔铁是否下垂,确认532KT吸合。 ④故障节556KA抗劲,人工闭合556KA,切除故章节机车维持运行		
工具装备(10分)	1. 工具乱放,每次扣2分		
	2. 工具使用不当,每次扣2分		
	3. 遗失工具,每次扣2分,损坏工具扣10分		
	4. 损坏机车设备,失格		
考核时间(10分)	1. 超过规定时间每超1 min,扣1分		
	2. 超过规定时间每超5 min以上每分钟(不包括5分)扣5分		
	3. 超过规定时间每超10 min以上失格		
作业安全(10分)	1. 违反安全作业规定(每次)扣2分,严重者失格		
	2. 操作失误,造成自动开关跳开失格		
	3. 考试过程中造成工伤,失格		
	4. 操作失误,由于短路等原因烧损电器失格		
合计(100分)			

考评员签名:　　　　　　　　认定人:　　　　　　　　年　　月　　日

S3 SS4G 型电力机车主接地、辅接地处理

1. 考场要求

(1)考场环境:考场整洁并有隔离设施。
(2)考评员要求:考评员与考生的比例为 5∶1,且考评员不得少于 3 名。
(3)评分方式:考评人员单独评分,考评人员评分的平均成绩为考生的成绩。
(4)设备工具要求:一台与报考车型相一致的机车。

2. 考试形式

实作考试。

3. 考试时间

30 min。

4. 合格标准

满分 100 分,60 分及以上为合格。

职业技能等级认定
电力机车司机(技师)实作技能考核评分记录表

单位：________　姓名：________　性别：_____　准考证号：________　工种：________　级别：________

试题名称：SS_{4G}型电力机车主接地、辅接地处理

考核时间：30 min

操作开始时间：　时　分　　　　操作结束时间：　时　分

项　目	考核内容及评分标准	扣分因素及扣分标准	得　分
作业程序(20分)	1. 考试前未检查机车安全防护设施，扣5分		
	2. 检查部件后未恢复原状态(每次)扣1分		
	3. 无口述作业方法或口述错误(每次)扣2分		
	4. 检查方法及程序错误(每次)扣2分		
作业质量(50分)	1. 主电路接地故障处理 (1)电阻制动接地时，停用电阻制动。 (2)逐各断开牵引电机隔离开关，找出有接地故障的牵引电机，并将其切除。 (3)降受电弓，取出电钥匙，检查各高压电器柜无异状，分别将两个高压柜内的主接地隔离开关(95QS、96QS)置"故障"位。 (4)进行 LCU1、LCU2 柜 A/B 组转换。 2. 辅助电路接地故障处理 (1)断开故障节辅助设备(电炉、窗加热、壁炉、空调等)。 (2)将辅接地隔离开关 237QS 置"故障"位，维持运行，加强巡视。 (3)进行 LCU1、LCU2 柜 A/B 组转换		
工具装备(10分)	1. 工具乱放，每次扣2分		
	2. 工具使用不当，每次扣2分		
	3. 遗失工具，每次扣2分，损坏工具扣10分		
	4. 损坏机车设备，失格		
考核时间(10分)	1. 超过规定时间每超1 min，扣1分		
	2. 超过规定时间每超5 min以上每分钟(不包括5分)扣5分		
	3. 超过规定时间每超10 min以上(不包括10分)，失格		
作业安全(10分)	1. 违反安全作业规定(每次)扣2分，严重者失格		
	2. 操作失误，造成自动开关跳开失格		
	3. 考试过程中造成工伤，失格		
	4. 操作失误，由于短路等原因烧损电器失格		
合计(100分)			

考评员签名：　　　　认定人：　　　　年　月　日

S4　牵引风机故障时的处理

1. 考场要求

(1)考场环境:考场整洁并有隔离设施。
(2)考评员要求:考评员与考生的比例为 5∶1,且考评员不得少于 3 名。
(3)评分方式:考评人员单独评分,考评人员评分的平均成绩为考生的成绩。
(4)设备工具要求:一台与报考车型相一致的机车。

2. 考试形式

实作考试。

3. 考试时间

20 min。

4. 合格标准

满分 100 分,60 分及以上为合格。

职业技能等级认定
电力机车司机(技师)实作技能考核评分记录表

单位：________　姓名：________　性别：______　准考证号：________　工种：________　级别：________

试题名称：牵引风机故障时的处理

考核时间：20 min

操作开始时间：　时　分　　　　操作结束时间：　时　分

项　目	考核内容及评分标准	扣分因素及扣分标准	得　分
作业程序(20分)	1. 考试前未检查机车安全防护设施，扣5分		
	2. 检查部件后未恢复原状态(每次)扣1分		
	3. 无口述作业方法或口述错误(每次)扣2分		
	4. 检查方法及程序错误(每次)扣2分		
作业质量(50分)	牵引风机故障时的处理： (1)牵引风机不能启动时的处理 ①断合几次通风机开关，消除开关不良接点。 ②主手柄提1.5级以上使用风机自启。 ③断开电钥匙570QS，将操纵节Ⅰ号、Ⅱ号低压柜LCU进行A/B组转换。 (2)切除故障的牵引风机 牵引风机故障时，检查牵引风机接触器主触头有无烧损、焊接，如接触器触头焊接，则将触头撬开后装好灭弧罩或将接触器接线拆下后进行包扎绝缘处理。将故障的牵引风机故障开关置"故障"位。 使用电阻制动时，应先断开主断路器、降下受电弓后，将相应的牵引电机故障隔离开关闸刀置"故障"位(向下闭合)		
工具装备(10分)	1. 工具乱放，每次扣2分		
	2. 工具使用不当，每次扣2分		
	3. 遗失工具，每次扣2分，损坏工具扣10分		
	4. 损坏机车设备，失格		
考核时间(10分)	1. 超过规定时间每超1 min，扣1分		
	2. 超过规定时间每超5 min以上每分钟(不包括5分)扣5分		
	3. 超过规定时间每超10 min以上(不包括10分)，失格		
作业安全(10分)	1. 违反安全作业规定(每次)扣2分，严重者失格		
	2. 操作失误，造成自动开关跳开失格		
	3. 考试过程中造成工伤，扣41分		
	4. 操作失误，由于短路等原因烧损电器失格		
合计(100分)			

考评员签名：　　　　　　认定人：　　　　　　年　月　日

S5　闭合受电弓扳钮升不起受电弓故障时的处理

1. 考场要求

(1)考场环境:考场整洁并有隔离设施。
(2)考评员要求:考评员与考生的比例为 5∶1,且考评员不得少于 3 名。
(3)评分方式:考评人员单独评分,考评人员评分的平均成绩为考生的成绩。
(4)设备工具要求:一台与报考车型相一致的机车。

2. 考试形式

实作考试。

3. 考试时间

20 min。

4. 合格标准

满分 100 分,60 分及以上为合格。

职业技能等级认定
电力机车司机(技师)实作技能考核评分记录表

单位：________　姓名：________　性别：_____　准考证号：________　工种：________　级别：________

试题名称：闭合受电弓扳钮升不起受电弓故障时的处理

考核时间：20 min

操作开始时间：　时　分　　　　　操作结束时间：　时　分

<table>
<tr><th>项　目</th><th>考核内容及评分标准</th><th>扣分因素及扣分标准</th><th>得　分</th></tr>
<tr><td rowspan="4">作业
程序
(20 分)</td><td>1. 考试前未检查机车安全防护设施，扣 5 分</td><td rowspan="4"></td><td rowspan="4"></td></tr>
<tr><td>2. 检查部件后未恢复原状态(每次)扣 1 分</td></tr>
<tr><td>3. 无口述作业方法或口述错误(每次)扣 2 分</td></tr>
<tr><td>4. 检查方法及程序错误(每次)扣 2 分</td></tr>
<tr><td>作业
质量
(50 分)</td><td>闭合受电弓扳钮升不起受电弓的处理：
(1)升另一节车的受电弓。
(2)关好两节的各室门，确认控制风路风压达 500 kPa。
(3)电空阀 287YV 不吸合时，人工使其固定在“吸合”位。
(4)515KF 闭合不良时，人工闭合。
(5)升弓电空阀 1YV 不吸合时，人工固定在“吸合”位，须降弓时，断开钥匙开关。(严禁 287YV、1YV 同时固定在“吸合”位)
(6)一节车有控制风压，另一节车无控制风压时，将无风节 515KF 的 N533b、N534b 短接，确认无风节各室无人断开主断路器，关闭各室门，236QS 置“故障”位后升弓，总风缸打满风后拆除短接线，恢复 236QS 正常位。
(7)切除自动降弓装置</td><td></td><td></td></tr>
<tr><td rowspan="4">工具
装备
(10 分)</td><td>1. 工具乱放，每次扣 2 分</td><td rowspan="4"></td><td rowspan="4"></td></tr>
<tr><td>2. 工具使用不当，每次扣 2 分</td></tr>
<tr><td>3. 遗失工具，每次扣 2 分，损坏工具扣 10 分</td></tr>
<tr><td>4. 损坏机车设备，失格</td></tr>
<tr><td rowspan="3">考核
时间
(10 分)</td><td>1. 超过规定时间每超 1 min，扣 1 分</td><td rowspan="3"></td><td rowspan="3"></td></tr>
<tr><td>2. 超过规定时间每超 5 min 以上每分钟(不包括 5 分)扣 5 分</td></tr>
<tr><td>3. 超过规定时间每超 10 min 以上(不包括 10 分)，失格</td></tr>
<tr><td rowspan="4">作业
安全
(10 分)</td><td>1. 违反安全作业规定(每次)扣 2 分，严重者失格</td><td rowspan="4"></td><td rowspan="4"></td></tr>
<tr><td>2. 操作失误，造成自动开关跳开失格</td></tr>
<tr><td>3. 考试过程中造成工伤，失格</td></tr>
<tr><td>4. 操作失误，由于短路等原因烧损电器失格</td></tr>
<tr><td>合计
(100 分)</td><td></td><td></td><td></td></tr>
</table>

考评员签名：　　　　　　　　认定人：　　　　　　　　年　　月　　日

S6 主断路器不闭合故障处理

1. 考场要求

(1)考场环境:考场整洁并有隔离设施。
(2)考评员要求:考评员与考生的比例为5∶1,且考评员不得少于3名。
(3)评分方式:考评人员单独评分,考评人员评分的平均成绩为考生的成绩。
(4)设备工具要求:一台与报考车型相一致的机车。

2. 考试形式

实作考试。

3. 考试时间

20 min。

4. 合格标准

满分100分,60分及以上为合格。

职业技能等级认定
电力机车司机(技师)实作技能考核评分记录表

单位:________　姓名:________　性别:______　准考证号:________　工种:________　级别:________

试题名称:主断路器不闭合故障处理

考核时间:20 min

操作开始时间:　时　分　　　　操作结束时间:　时　分

项　目	考核内容及评分标准	扣分因素及扣分标准	得　分
作业程序(20分)	1. 考试前未检查机车安全防护设施,扣5分		
	2. 检查部件后未恢复原状态(每次)扣1分		
	3. 无口述作业方法或口述错误(每次)扣2分		
	4. 检查方法及程序错误(每次)扣2分		
作业质量(50分)	主断路器不闭合的处理: (1)司机控制器手柄回"0"位,"零位"灯亮,各辅机扳键置于"断开"位,重新闭合主断路器。 (2)确认空气管路各塞门处于正常位置,风压高于600 kPa。 (3)电子柜LCU1、LCU2柜A/B组转换,主断路器控制器置"停用"位,重新闭合主断路器。 (4)过分相后合不上,则关闭自动过分相装置,同时要进行电子柜A/B组转换。 (5)检查操纵台上紧急制动按钮状态,使其处于"断开"位(此按钮为非自复式)		
工具装备(10分)	1. 工具乱放,每次扣2分		
	2. 工具使用不当,每次扣2分		
	3. 遗失工具,每次扣2分,损坏工具扣10分		
	4. 损坏机车设备,失格		
考核时间(10分)	1. 超过规定时间每超1 min,扣1分		
	2. 超过规定时间每超5 min以上每分钟(不包括5分)扣5分		
	3. 超过规定时间每超10 min以上(不包括10分),失格		
作业安全(10分)	1. 违反安全作业规定(每次)扣2分,严重者失格		
	2. 操作失误,造成自动开关跳开失格		
	3. 考试过程中造成工伤,失格		
	4. 操作失误,由于短路等原因烧损电器失格		
合计(100分)			

考评员签名:　　　　　　认定人:　　　　　　年　月　日

S7　发生弓网故障时的处理

1. 考场要求

(1)考场环境:考场整洁并有隔离设施。

(2)考评员要求:考评员与考生的比例为 5∶1,且考评员不得少于 3 名。

(3)评分方式:考评人员单独评分,考评人员评分的平均成绩为考生的成绩。

(4)设备工具要求:一台与报考车型相一致的机车。

2. 考试形式

实作考试。

3. 考试时间

30 min。

4. 合格标准

满分 100 分,60 分及以上为合格。

职业技能等级认定
电力机车司机(技师)实作技能考核评分记录表

单位:________ 姓名:________ 性别:______ 准考证号:________ 工种:________ 级别:________

试题名称:发生弓网故障时的处理

考核时间:30 min

操作开始时间:　　时　　分　　　　　　　　操作结束时间:　　时　　分

<table>
<tr><th>项　目</th><th>考核内容及评分标准</th><th>扣分因素及扣分标准</th><th>得　分</th></tr>
<tr><td rowspan="4">作业程序(20分)</td><td>1. 考试前未检查机车安全防护设施,扣5分</td><td rowspan="4"></td><td rowspan="4"></td></tr>
<tr><td>2. 检查部件后未恢复原状态(每次)扣1分</td></tr>
<tr><td>3. 无口述作业方法或口述错误(每次)扣2分</td></tr>
<tr><td>4. 检查方法及程序错误(每次)扣2分</td></tr>
<tr><td>作业质量(50分)</td><td>发生弓网故障时的处理:
(1)发生受电弓刮接触网故障后立即停车,马上将列车车次、机车号码、司机姓名、刮弓地点通知车站或列车调度员,并申请停电,关闭两节车97号塞门等待。
(2)接到列车调度员(供电调度员)停电命令后,将调度命令的日期、电调姓名、命令号码、停电区段、停电起止时间记入司机手册,二人核对后迅速通知本段,取得领导批准方可执行。
(3)到达停电时间后,在停电时间内,从车上取出接地杆、接地线放置车下,取出绝缘鞋、绝缘帽、绝缘手套放置在车下。
(4)升前弓,确认前弓升起并确认无网压显示,再合主断路器,“主断”灯灭,再合劈相机,确认主断路器自动跳开,“主断”灯、“零压”灯亮后,降下前弓。
(5)下车将两根接地杆旋转连接,将接地线固定在前节车左1轴箱端盖螺母上,穿戴绝缘鞋、绝缘帽、绝缘手套,将接地线钩头挂在机车前端接触网上。
(6)携带手锤、克丝钳、铁丝等工具从后节车第二牵引通风机处开锁经天窗上车顶,将故障受电弓损坏部分折下,将弓头、弓架捆绑牢固,不允许受电弓任何一点与机车车顶接触,防止接地。
(7)处理完毕后,整理折下的部件和工具,确认车顶无工具、部件后,下车顶,关闭车顶门并锁闭,将故障节升弓电空阀1YV的143塞门关闭,并将故障节第一低压柜上的受电弓故障开关587QS置“故障”位。
(8)撤除地线时,先摘下与接触网连接的一端,再从轴头端盖上摘下接地线另一端。上车后向供电调度员申请送电．接到来电通知后,打开两节车97号塞门,升前弓合闸打风,试闸后恢复运行,回段填写书面报告</td><td></td><td></td></tr>
<tr><td rowspan="4">工具装备(10分)</td><td>1. 工具乱放,每次扣2分</td><td rowspan="4"></td><td rowspan="4"></td></tr>
<tr><td>2. 工具使用不当,每次扣2分</td></tr>
<tr><td>3. 遗失工具,每次扣2分,损坏工具扣10分</td></tr>
<tr><td>4. 损坏机车设备,失格</td></tr>
<tr><td rowspan="4">作业安全(10分)</td><td>1. 违反安全作业规定(每次)扣2分,严重者失格</td><td rowspan="4"></td><td rowspan="4"></td></tr>
<tr><td>2. 操作失误,造成自动开关跳开失格</td></tr>
<tr><td>3. 考试过程中造成工伤,失格</td></tr>
<tr><td>4. 操作失误,由于短路等原因烧损电器失格</td></tr>
<tr><td>合计(100分)</td><td></td><td></td><td></td></tr>
</table>

考评员签名:　　　　　　　　　　　　认定人:　　　　　　　　　　　　年　　月　　日

S8 电空制动控制器手柄在“紧急”位，不起紧急制动的判断及处理

1. 考场要求

(1)考场环境：考场整洁并有隔离设施。

(2)考评员要求：考评员与考生的比例为 5∶1，且考评员不得少于 3 名。

(3)评分方式：考评人员单独评分，考评人员评分的平均成绩为考生的成绩。

(4)设备工具要求：一台与报考车型相一致的机车。

2. 考试形式

实作考试。

3. 考试时间

15 min。

4. 合格标准

满分 100 分，60 分及以上为合格。

职业技能等级认定
电力机车司机(技师)实作技能考核评分记录表

单位:________ 姓名:________ 性别:________ 准考证号:________ 工种:________ 级别:________

试题名称:电空制动控制器手柄在“紧急”位,不起紧急制动的判断及处理

考核时间:15 min

操作开始时间: 时 分 操作结束时间: 时 分

项 目	考核内容及评分标准	扣分因素及扣分标准	得 分
作业程序(20分)	1. 考试前未检查机车安全防护设施,扣5分		
	2. 检查部件后未恢复原状态(每次)扣1分		
	3. 无口述作业方法或口述错误(每次)扣2分		
	4. 检查方法及程序错误(每次)扣2分		
作业质量(50分)	电空制动控制器手柄在“紧急”位,不起紧急制动的判断及处理: (1)判断 ①电空制动控制器触指接触不良,使导线804不得电。 ②电动放风阀磨板破损。 (2)处理 遇紧急情况时,电空制动控制器置“紧急”位,立即拉下紧急制动阀121手柄,使121塞门开放		
工具装备(10分)	1. 工具乱放,每次扣2分		
	2. 工具使用不当,每次扣2分		
	3. 遗失工具,每次扣2分,损坏工具扣10分		
	4. 损坏机车设备,失格		
考核时间(10分)	1. 超过规定时间每超1 min,扣1分		
	2. 超过规定时间每超5 min以上每分钟(不包括5分)扣5分		
	3. 超过规定时间每超10 min以上(不包括10分),失格		
作业安全(10分)	1. 违反安全作业规定(每次)扣2分,严重者失格		
	2. 操作失误,造成自动开关跳开失格		
	3. 考试过程中造成工伤,失格		
	4. 操作失误,由于短路等原因烧损电器失格		
合计(100分)			

考评员签名: 认定人: 年 月 日

S9　电空制动控制器手柄置“制动”位，均衡风缸、制动管不减压的检查处理

1. 考场要求

(1)考场环境：考场整洁并有隔离设施。

(2)考评员要求：考评员与考生的比例为 5∶1，且考评员不得少于 3 名。

(3)评分方式：考评人员单独评分，考评人员评分的平均成绩为考生的成绩。

(4)设备工具要求：一台与报考车型相一致的机车。

2. 考试形式

实作考试。

3. 考试时间

30 min。

4. 合格标准

满分 100 分，60 分及以上为合格。

职业技能等级认定
电力机车司机(技师)实作技能考核评分记录表

单位:________ 姓名:________ 性别:______ 准考证号:________ 工种:________ 级别:________

试题名称:电空制动控制器手柄置“制动”位,均衡风缸、制动管不减压的检查处理

考核时间:30 min

操作开始时间:　　时　　分　　　　　　　　操作结束时间:　　时　　分

项　目	考核内容及评分标准	扣分因素及扣分标准	得　分
作业程序(20分)	1. 考试前未检查机车安全防护设施,扣5分		
	2. 检查部件后未恢复原状态(每次)扣1分		
	3. 无口述作业方法或口述错误(每次)扣2分		
	4. 检查方法及程序错误(每次)扣2分		
作业质量(50分)	电空制动控制器手柄置“制动”位,均衡风缸、制动管不减压的检查处理: (1)先转换“空气”位进行减压制动,有条件时恢复“电空”位。 (2)电空制动控制器手柄置“制动”位,检查制动电控阀257YV是否排风,如不排风,看是否吸合,如吸合,可将260V二极管。 接线拆开;如257YV不吸合,使用“空气”位操作维持运行,回段处理		
工具装备(10分)	1. 工具乱放,每次扣2分		
	2. 工具使用不当,每次扣2分		
	3. 遗失工具,每次扣2分,损坏工具扣10分		
	4. 损坏机车设备,失格		
考核时间(10分)	1. 超过规定时间每超1 min,扣1分		
	2. 超过规定时间每超5 min以上每分钟(不包括5分)扣5分		
	3. 超过规定时间每超10 min以上(不包括10分),失格		
作业安全(10分)	1. 违反安全作业规定(每次)扣2分,严重者失格		
	2. 操作失误,造成自动开关跳开失格		
	3. 考试过程中造成工伤,失格		
	4. 操作失误,由于短路等原因烧损电器失格		
合计(100分)			

考评员签名:　　　　　　　　　　认定人:　　　　　　　　　　年　　月　　日

S10 常用制动电空阀 CZDF-1 故障时的处理

1. 考场要求

(1)考场环境:考场整洁并有隔离设施。
(2)考评员要求:考评员与考生的比例为 5∶1,且考评员不得少于 3 名。
(3)评分方式:考评人员单独评分,考评人员评分的平均成绩为考生的成绩。
(4)设备工具要求:一台与报考车型相一致的机车。

2. 考试形式

实作考试。

3. 考试时间

20 min。

4. 合格标准

满分 100 分,60 分及以上为合格。

职业技能等级认定
电力机车司机(技师)实作技能考核评分记录表

单位:________　姓名:________　性别:_____　准考证号:________　工种:________　级别:________

试题名称:常用制动电空阀 CZDF-1 故障时的处理

考核时间:20 min

操作开始时间:　　时　　分　　　　　　　　　操作结束时间:　　时　　分

项　目	考核内容及评分标准	扣分因素及扣分标准	得　分
作业程序(20分)	1. 考试前未检查机车安全防护设施,扣5分		
	2. 检查部件后未恢复原状态(每次)扣1分		
	3. 无口述作业方法或口述错误(每次)扣2分		
	4. 检查方法及程序错误(每次)扣2分		
作业质量(50分)	常用制动电空阀 CZDF-1 故障时的处理: (1)判断 监控记录装置发出常用制动指令,列车实施常用制动后,均衡风缸空气压力排至规定减压量后继续排风,均衡风缸排风直至0,当缓解列车制动时,均衡风缸充风无效,列车制动不能缓解时,为常用制动电空阀 CZDF-1 在作用位卡住,使排风口不能关闭。 (2)处理 将电空阀 CZDF-1 上的故障旋钮向"故障"位方向转动,使常开故障阀呈"关闭"位,遮断均衡风缸管与 CZDF-1 排风口的通路后,向列车管充风,缓解列车制动。处理后因均衡风缸管的排风口被关闭,监控记录装置发出常用制动指令时,无自动常用制动作用		
工具装备(10分)	1. 工具乱放,每次扣2分		
	2. 工具使用不当,每次扣2分		
	3. 遗失工具,每次扣2分,损坏工具扣10分		
	4. 损坏机车设备,失格		
考核时间(10分)	1. 超过规定时间每超1 min,扣1分		
	2. 超过规定时间每超5 min以上每分钟(不包括5分)扣5分		
	3. 超过规定时间每超10 min以上(不包括10分),失格		
作业安全(10分)	1. 违反安全作业规定(每次)扣2分,严重者失格		
	2. 操作失误,造成自动开关跳开失格		
	3. 考试过程中造成工伤,失格		
	4. 操作失误,由于短路等原因烧损电器失格		
合计(100分)			

考评员签名:　　　　　　　　　　　　认定人:　　　　　　　　　　　　年　　月　　日

S11 “电空”位故障转“空气”位操纵

1. 考场要求

(1)考场环境:考场整洁并有隔离设施。

(2)考评员要求:考评员与考生的比例为 5∶1,且考评员不得少于 3 名。

(3)评分方式:考评人员单独评分,考评人员评分的平均成绩为考生的成绩。

(4)设备工具要求:一台与报考车型相一致的机车。

2. 考试形式

实作考试。

3. 考试时间

20 min。

4. 合格标准

满分 100 分,60 分及以上为合格。

职业技能等级认定
电力机车司机(技师)实作技能考核评分记录表

单位:________ 姓名:________ 性别:_____ 准考证号:________ 工种:________ 级别:________

试题名称:“电空”位故障转“空气”位操纵

考核时间:20 min

操作开始时间: 时 分 操作结束时间: 时 分

项 目	考核内容及评分标准	扣分因素及扣分标准	得 分
作业程序(20分)	1. 考试前未检查机车安全防护设施,扣5分		
	2. 检查部件后未恢复原状态(每次)扣1分		
	3. 无口述作业方法或口述错误(每次)扣2分		
	4. 检查方法及程序错误(每次)扣2分		
作业质量(50分)	“电空”位故障转“空气”位操纵: (1)转换方法 ①将操纵节空气制动阀手柄移至“缓解”位,将“电一空”转换扳钮置“空气”位。 ②空气制动阀置“缓解”位将其下方调压阀53号输出压力调整为列车制动管规定压力(500 kPa或600 kPa),以均衡风缸压力表显示为准。 ③将空气制动柜的转换阀153号置“空气”位。 ④若转“空气”位均衡风缸充风正常,列车管不充风,可将控制电源柜“电空制动”电源自动开关615QA断开。 (2)操纵注意事项 ①需缓解机车时,应下压空气制动阀手柄。 ②需要紧急制动时,可按下紧急制动按钮或迅速打开紧急制动阀塞门121号,并将空气制动阀的手柄移向“制动”位。 ③“空气”位操纵时,列车管若泄漏会得到补风,要注意速度变化及进行追加减压,以免发生车辆陆续自然缓解。 ④若非操纵节处于“空气”位,或者处于“电空”位但无电空制动电源,应将非操纵节机车中继阀的制动管塞门115号关闭		
工具装备(10分)	1. 工具乱放,每次扣2分		
	2. 工具使用不当,每次扣2分		
	3. 遗失工具,每次扣2分,损坏工具扣10分		
	4. 损坏机车设备,失格		
考核时间(10分)	1. 超过规定时间每超1 min,扣1分		
	2. 超过规定时间每超5 min以上每分钟(不包括5分)扣5分		
作业安全(10分)	1. 违反安全作业规定(每次)扣2分,严重者失格		
	2. 操作失误,造成自动开关跳开失格		
	3. 考试过程中造成工伤,失格		
	4. 操作失误,由于短路等原因烧损电器失格		
合计(100分)			

考评员签名: 认定人: 年 月 日

S12　原边过流的处理

1. 考场要求

(1)考场环境:考场整洁并有隔离设施。

(2)考评员要求:考评员与考生的比例为 5∶1,且考评员不得少于 3 名。

(3)评分方式:考评人员单独评分,考评人员评分的平均成绩为考生的成绩。

(4)设备工具要求:一台与报考车型相一致的机车。

2. 考试形式

实作考试。

3. 考试时间

20 min。

4. 合格标准

满分 100 分,60 分及以上为合格。

职业技能等级认定
电力机车司机(技师)实作技能考核评分记录表

单位:＿＿＿＿　姓名:＿＿＿＿　性别:＿＿＿　准考证号:＿＿＿＿　工种:＿＿＿＿　级别:＿＿＿＿

试题名称:原边过流的处理

考核时间:20 min

操作开始时间:　时　分　　　　　　操作结束时间:　时　分

项　目	考核内容及评分标准	扣分因素及扣分标准	得　分
作业程序(20分)	1. 考试前未检查机车安全防护设施,扣5分		
	2. 检查部件后未恢复原状态(每次)扣1分		
	3. 无口述作业方法或口述错误(每次)扣2分		
	4. 检查方法及程序错误(每次)扣2分		
作业质量(50分)	原边过流的处理: (1)转换电子柜A/B组。 (2)"原边过流"灯亮,某位牵引电机过载跳闸。 (3)手轮离开"0"位或电压上升至500 V左右跳闸,"原边过流"灯亮,拔75号或76号插头。 (4)主断路器合闸就跳闸,"原边过流"灯亮或无规则发生原边过流,切除功率补偿装置PFC		
工具装备(10分)	1. 工具乱放,每次扣2分		
	2. 工具使用不当,每次扣2分		
	3. 遗失工具,每次扣2分,损坏工具扣10分		
	4. 损坏机车设备,失格		
考核时间(10分)	1. 超过规定时间每超1 min,扣1分		
	2. 超过规定时间每超5 min以上每分钟(不包括5分)扣5分		
作业安全(10分)	1. 违反安全作业规定(每次)扣2分,严重者失格		
	2. 操作失误,造成自动开关跳开失格		
	3. 考试过程中造成工伤,失格		
	4. 操作失误,由于短路等原因烧损电器失格		
合计(100分)			

考评员签名:　　　　　　　　认定人:　　　　　　　　年　月　日

S13 辅助电路过流的处理

1. 考场要求

(1)考场环境:考场整洁并有隔离设施。
(2)考评员要求:考评员与考生的比例为 5∶1,且考评员不得少于 3 名。
(3)评分方式:考评人员单独评分,考评人员评分的平均成绩为考生的成绩。
(4)设备工具要求:一台与报考车型相一致的机车。

2. 考试形式

实作考试。

3. 考试时间

20 min。

4. 合格标准

满分 100 分,60 分及以上为合格。

职业技能等级认定
电力机车司机(技师)实作技能考核评分记录表

单位:________ 姓名:________ 性别:_____ 准考证号:________ 工种:________ 级别:________

试题名称:辅助电路过流的处理

考核时间:20 min

操作开始时间: 时 分 操作结束时间: 时 分

项 目	考核内容及评分标准	扣分因素及扣分标准	得 分
作业程序(20分)	1. 考试前未检查机车安全防护设施,扣5分		
	2. 检查部件后未恢复原状态(每次)扣1分		
	3. 无口述作业方法或口述错误(每次)扣2分		
	4. 检查方法及程序错误(每次)扣2分		
作业质量(50分)	辅助电路过流的处理: (1)检查各辅机自动开关是否跳开,有跳开时使其重新闭合。闭合方法:先将开关下压到位后,再向上扳动使其闭合。 (2)检查各辅机及其接触器,发现故障时,通过相应的辅机故障开关切除辅机。 (3)进行电子柜LCU1、LCU2柜A/B组转换。 说明:若切除某牵引风机,与其对应的转向架无牵引、制动电流;若切除某制动风机,与其对应的转向架无制动电流。如切除的是变压器油泵电机或变压器风机时,应加强巡视,关注主变压器油温不能超过75 ℃,必要时可采取切除该节车的方法维持运行		
工具装备(10分)	1. 工具乱放,每次扣2分		
	2. 工具使用不当,每次扣2分		
	3. 遗失工具,每次扣2分,损坏工具扣10分		
	4. 损坏机车设备,失格		
考核时间(10分)	1. 超过规定时间每超1 min,扣1分		
	2. 超过规定时间每超5 min以上每分钟(不包括5分)扣5分		
作业安全(10分)	1. 违反安全作业规定(每次)扣2分,严重者失格		
	2. 操作失误,造成自动开关跳开失格		
	3. 考试过程中造成工伤,失格		
	4. 操作失误,由于短路等原因烧损电器失格		
合计(100分)			

考评员签名: 认定人: 年 月 日

S14 “电子柜预备”灯不灭的故障处理

1. 考场要求

(1)考场环境:考场整洁并有隔离设施。

(2)考评员要求:考评员与考生的比例为 5∶1,且考评员不得少于 3 名。

(3)评分方式:考评人员单独评分,考评人员评分的平均成绩为考生的成绩。

(4)设备工具要求:一台与报考车型相一致的机车。

2. 考试形式

实作考试。

3. 考试时间

20 min。

4. 合格标准

满分 100 分,60 分及以上为合格。

职业技能等级认定
电力机车司机(技师)实作技能考核评分记录表

单位：________　姓名：________　性别：_____　准考证号：________　工种：________　级别：________

试题名称："电子柜预备"灯不灭的故障处理

考核时间：20 min

操作开始时间：　时　分　　　　操作结束时间：　时　分

项　目	考核内容及评分标准	扣分因素及扣分标准	得　分
作业程序(20分)	1. 考试前未检查机车安全防护设施，扣5分		
	2. 检查部件后未恢复原状态(每次)扣1分		
	3. 无口述作业方法或口述错误(每次)扣2分		
	4. 检查方法及程序错误(每次)扣2分		
作业质量(50分)	"电子柜预备"灯不灭的故障处理： (1)转换电源柜A/B组开关。 (2)控制电压不在77～130 V范围内，拉"负载"闸刀及蓄电池闸刀，闭合重联闸刀。 (3)检查"电子控制"自动开关。 (4)两节车电子柜A/B组开关均置A组或B组。 (5)拔掉高压柜上45号或46号插头，或开关柜上67号插头，切除相应的牵引电机闸刀。 (6)拔掉空转传感器1～4插头(A组运行切除防空转插件)。 (7)拔掉75号或76号插头。 (8)非操纵节"电子柜预备"灯不灭，电子柜A/B组开关置"中间"位或切除该节机车		
工具装备(10分)	1. 工具乱放，每次扣2分		
	2. 工具使用不当，每次扣2分		
	3. 遗失工具，每次扣2分，损坏工具扣10分		
	4. 损坏机车设备，扣41分		
考核时间(10分)	1. 超过规定时间每超1 min，扣1分		
	2. 超过规定时间每超5 min以上每分钟(不包括5分)扣5分		
	3. 超过规定时间每超10 min以上(不包括10分)，失格		
作业安全(10分)	1. 违反安全作业规定(每次)扣2分，严重者失格		
	2. 操作失误，造成自动开关跳开失格		
	3. 考试过程中造成工伤，失格		
	4. 操作失误，由于短路等原因烧损电器失格		
合计(100分)			

考评员签名：　　　　　　认定人：　　　　　　年　月　日

S15　SS4G 型电力机车底部前半部检查

1. 考场要求

(1)考场环境:考场整洁并有隔离设施。

(2)考评员要求:考评员与考生的比例为 5∶1,且考评员不得少于 3 名。

(3)评分方式:考评人员单独评分,考评人员评分的平均成绩为考生的成绩。

(4)设备工具要求:一台与报考车型相一致的机车。

2. 考试形式

实作考试。

3. 考试时间

20 min。

4. 合格标准

满分 100 分,60 分及以上为合格。

职业技能等级认定
电力机车司机(技师)实作技能考核评分记录表

单位:________　姓名:________　性别:_____　准考证号:________　工种:________　级别:________

试题名称:SS4G 型电力机车底部前半部检查

考核时间:20 min

操作开始时间:　时　分　　　　操作结束时间:　时　分

项　目	考核内容及评分标准	扣分因素及扣分标准	得　分
作业程序(10 分)	1. 考试前未检查机车安全防护设施,扣 5 分		
	2. 检查部件后未恢复原状态(每次)扣 0.5 分		
	3. 错呼机车部件状态,未呼被检部件名称(每次)扣 0.5 分		
	4. 检查方法及程序错误(每次)扣 1 分		
作业质量(60 分)	检查程序及要求: 1. 排障器内侧 (1)排障器安装牢固,无变形。 (2)自动信号接收装置支架牢固无开焊。 (3)接收装置导线无破损、松动、脱落,线圈距轨面高度 130～160 mm。 2. 车钩缓冲装置 (1)牵引销套无窜动,止退销螺母无松动,开口销完好。 (2)弹簧箱体及尾框无裂纹。 (3)前后丛板与尾框无贯通间隙。 (4)托板螺栓齐全牢固。 3. 车体牵引梁及牵引装置 (1)车体牵引梁与车体连接处各补强板无裂纹、开焊、变形。 (2)牵引座无裂纹,牵引座与梁连接螺栓紧固,无松动。 (3)牵引橡胶垫无老化现象。 (4)橡胶垫压盖良好无裂纹,压盖螺栓及防缓螺栓紧固。 (5)牵引叉头完好无开焊,叉头与牵引杆连接状态完好,连接螺栓紧固,开口销良好。 (6)牵引叉头油堵完好,油润良好。 4. 左右扫石器 (1)排石器支架牢固无开焊。 (2)扫石器调整螺栓齐全牢固。 (3)排石器距轨面高度 50～80 mm,扫石器距轨面高度 20～25 mm,扫石器胶皮距轨面高度 10～15 mm。 5. 左右侧第一砂箱 (1)箱体及支架无裂纹,安装螺栓无松动。 (2)撒砂器、撒砂管安装牢固。 (3)撒砂器风管、砂管、清扫堵及调整螺栓齐全牢固。 (4)砂管吊铁无裂纹,"U"形卡子无松缓。 (5)砂管口畅通,无偏斜变形,距轨面高度应为 30～35 mm。 6. 转向架前端梁及三角撑杆座 (1)端梁各部无裂纹。 (2)各风管卡子牢固,接头无松漏、软管无破损。 (3)三角撑杆座无裂纹,各连接螺栓紧固,无松动。 7. 三角撑杆 (1)三角撑杆各处无裂纹。 (2)三角撑杆与牵引梁、三角架连接螺栓紧固,开口销良好。		

续上表

项　目	考核内容及评分标准	扣分因素及扣分标准	得　分
作业质量（60分）	(3)各油堵完好。 8. 第一动轮 (1)轮箍、轮辐无裂纹。 (2)车轮踏面擦伤深度不大于0.7 mm，剥离长度不大于40 mm，深度不大于1 mm。 (3)轮缘无碾堆，垂直磨耗高度不大于18 mm；轮缘厚度在距其顶点18 mm处测量为23～33 mm。 (4)轮缘喷油器喷嘴齐全，位置正确。 9. 人力制动机 (1)传动臂各轴销及开口销齐全。 (2)链条、链轮状态完好，链轮油润良好。 10. 第一牵引电机上部 (1)风筒无破损，合口严密无错位。 (2)电机上检查孔盖锁闭严密。 (3)电机母线无破损，夹板螺栓齐全，紧固。 (4)接线盒盖严密。 11. 第一齿轮箱 (1)箱体无裂纹、变形。 (2)合口螺栓齐全紧固，安装螺栓齐全紧固。 (3)阀盖完好牢固、油位正确。 (4)领圈合口处完好无漏油。 (5)放油堵无松动、漏油。 12. 第一抱轴承 (1)箱体无变形裂漏，各安装螺栓不松动，合口严密不漏油。 (2)油箱盖严密，油表完好，油位应在上、下刻线之间。 (3)放油堵无松动、漏油。 (4)轴承温度正常。 13. 第一牵引电机端部 (1)电机网盖螺栓齐全，通风网无破损。 (2)轴承无过热，注油堵无松动破损。 14. 第一动轮制动器 (1)闸瓦托调整弹簧无折损。 (2)制动缸座无开焊。 (3)调整手轮作用良好。 (4)脱钩装置位置正确。 (5)闸瓦安装正确，锁闭销良好。 (6)闸瓦、吊杆螺栓紧固，开口销良好，油润良好。 (7)闸瓦无偏磨裂纹，厚度不小于10 mm。 (8)闸瓦与车轮踏面缓解间隙为6～9 mm。 (9)传动杆注油堵无松动破损。 15. 牵引装置 (1)三角架各处无裂纹。 (2)三角架与牵引梁上的三角架座连接状态良好，连接螺栓无松动。开口销良好。 (3)油堵完好，油润良好。 16. 第一电机悬挂装置 (1)各部无裂纹，橡胶件无老化、龟裂。 (2)安装螺栓无松动，卡板无松动，开口销良好。 (3)安全托铁牢固，与安全座垂直间隙不小于20 mm，电机与安全托铁故障搭接量不小于15 mm。 (4)注油堵无松动破损，润滑良好。		

续上表

项 目	考核内容及评分标准	扣分因素及扣分标准	得 分
作业质量（60分）	17. 第一转向架牵引梁 (1)构架牵引梁与侧梁焊接部无开焊。 (2)牵引梁主体无变形开焊。 (3)三角架座焊接良好，无开焊。 18. 第一牵引电机内部 (1)电机检查孔盖严密，锁闭作用良好，上通风网无破损。 (2)电机内部清洁无异物，轴承油封无甩油。 (3)换向器表面无拉伤、灼痕，表面磨耗量不大于0.5 mm，云母槽深度不小于0.5 mm。 (4)刷架圈定位卡子位置正确，弹簧无折损。 (5)刷架圈调整螺母无松动。 (6)刷辫螺栓无松动，刷辫无破损。 (7)刷握无松动，弹簧及压指无折损，压指应在“工作”位。 (8)电刷无卡滞破损，磨耗不超限，与换向器接触面不少于80%，同一副电刷两片长度差不大于1 mm，同一刷盒内电刷长度差不大于10 mm。 (9)绝缘瓷瓶清洁无裂损，接线端子无松动。 (10)各绕组无烧损击穿。 19. 人力制动机传动装置 各传动杆件无变形裂纹，穿销、开口销齐全完好。 20. 第二牵引电机悬挂装置 (1)各部无裂纹，橡胶件无老化、龟裂。 (2)安装螺栓无松动，卡板无松动，开口销良好。 (3)安全托铁牢固，与安全座垂直间隙不小于20 mm，电机与安全托铁故障搭接量不小于15 mm。 (4)注油堵无松动破损，润滑良好。 21. 第二动轮制动器 (1)闸瓦托调整弹簧无折损。 (2)制动缸座无开焊。 (3)调整手轮作用良好。 (4)脱钩装置位置正确。 (5)闸瓦安装正确，锁闭销良好。 (6)闸瓦、吊杆螺栓紧固，开口销良好，油润良好。 (7)闸瓦无偏磨裂纹，厚度不小于10 mm。 (8)闸瓦与车轮踏面缓解间隙为6～9 mm。 (9)传动杆注油堵无松动破损。 22. 第二牵引电机内部 (1)电机检查孔盖严密，锁闭作用良好，上通风网无破损。 (2)电机内部清洁无异物，轴承油封无甩油。 (3)换向器表面无拉伤、灼痕，表面磨耗量不大于0.5 mm，云母槽深度不小于0.5 mm。 (4)刷架圈定位卡子位置正确，弹簧无折损。 (5)刷架圈调整螺母无松动。 (6)刷辫螺栓无松动，刷辫无破损。 (7)刷握无松动，弹簧及压指无折损，压指应在“工作”位。 (8)电刷无卡滞破损，磨耗不超限，与换向器接触面不少于80%，同一副电刷两片长度差不大于1 mm，同一刷盒内电刷长度差不大于10 mm。 (9)绝缘瓷瓶清洁无裂损，接线端子无松动。 (10)各绕组无烧损击穿。		

续上表

<table>
<tr><th>项　目</th><th>考核内容及评分标准</th><th>扣分因素及扣分标准</th><th>得　分</th></tr>
<tr><td>作业质量(60分)</td><td>23. 第二齿轮箱
(1)箱体无裂纹、变形。
(2)合口螺栓齐全紧固,安装螺栓齐全紧固。
(3)阀盖完好牢固、油位正确。
(4)领圈合口处完好无漏油。
(5)放油堵无松动、漏油。
24. 第二抱轴承
(1)箱体无变形裂漏,各安装螺栓不松动,合口严密不漏油。
(2)油箱盖严密,油表完好,油位应在上、下刻线之间。
(3)放油堵无松动、漏油。
(4)轴承温度正常。
25. 第二动轮
(1)轮箍、轮辐无裂纹。
(2)车轮踏面擦伤深度不大于 0.7 mm,剥离长度不大于 40 mm,深度不大于 1 mm。
(3)轮缘无碾堆,垂直磨耗高度不大于 18 mm;轮缘厚度在距其顶点 18 mm 处测量为 23～33 mm。
(4)轮缘喷油器喷嘴齐全,位置正确。
26. 第一转向架后端梁
(1)端梁各部无变形、裂纹。
(2)各风管卡子牢固,接头无松漏,软管无破损。
27. 左右侧第二砂箱
(1)箱体及支架无裂纹,安装螺栓无松动。
(2)撒砂器、撒砂管安装牢固。
(3)撒砂器风管、砂管、清扫堵及调整螺栓齐全牢固。
(4)砂管吊铁无裂纹,“U”形卡子无松缓。
(5)砂管口畅通,无偏斜变形,距轨面高度应为 30～35 mm。
28. 二端制动风机通风网
通风网无异物,无破损。
29. 主变压器下部
(1)放油阀良好,无松漏。
(2)变压器体无碰伤,各部无开焊。
30. 总风缸(91、92)
(1)安装带紧固无开焊窜位,各螺栓无松动。
(2)各塞门位置正确</td><td></td><td></td></tr>
<tr><td rowspan="4">工具装备(10分)</td><td>1. 工具乱放,每次扣 2 分</td><td rowspan="4"></td><td rowspan="4"></td></tr>
<tr><td>2. 工具使用不当,每次扣 2 分</td></tr>
<tr><td>3. 遗失工具,每次扣 2 分</td></tr>
<tr><td>4. 损坏工具扣 10 分</td></tr>
<tr><td rowspan="3">考核时间(10分)</td><td>1. 超过规定时间每超 1 min,扣 1 分</td><td rowspan="3"></td><td rowspan="3"></td></tr>
<tr><td>2. 超过规定时间每超 5 min 以上每分钟(不包括 5 分)扣 5 分</td></tr>
<tr><td>3. 超过规定时间每超 10 min 以上(不包括 10 分),失格</td></tr>
<tr><td rowspan="4">作业安全(10分)</td><td>1. 违反安全作业的有关规定(每次)扣 0.5 分</td><td rowspan="4"></td><td rowspan="4"></td></tr>
<tr><td>2. 锤击带有压力部位(每次)扣 1 分</td></tr>
<tr><td>3. 未按规定着装扣 2 分</td></tr>
<tr><td>4. 发生工伤失格</td></tr>
<tr><td>合计(100分)</td><td></td><td></td><td></td></tr>
</table>

考评员签名：　　　　　　　　　　认定人：　　　　　　　　　　年　　月　　日

S16　DK-1 型制动机中继阀主活塞卡住，造成“电空”位和“空气”位制动管不充风的处理

1. 考场要求

(1)考场环境：考场整洁并有隔离设施。
(2)考评员要求：考评员与考生的比例为 5∶1，且考评员不得少于 3 名。
(3)评分方式：考评人员单独评分，考评人员评分的平均成绩为考生的成绩。
(4)设备工具要求：一台与报考车型相一致的机车。

2. 考试形式

实作考试。

3. 考试时间

15 min。

4. 合格标准

满分 100 分，60 分及以上为合格。

职业技能等级认定
电力机车司机(技师)实作技能考核评分记录表

单位:＿＿＿＿ 姓名:＿＿＿＿ 性别:＿＿＿ 准考证号:＿＿＿＿ 工种:＿＿＿＿ 级别:＿＿＿＿

试题名称:DK-1 型制动机中继阀主活塞卡住,造成“电空”位和“空气”位制动管不充风的处理

考核时间:15 min

操作开始时间: 时 分 操作结束时间: 时 分

项 目	考核内容及评分标准	扣分因素及扣分标准	得 分
作业程序(20分)	1. 考试前未检查机车安全防护设施,扣 5 分		
	2. 检查部件后未恢复原状态(每次)扣 1 分		
	3. 无口述作业方法或口述错误(每次)扣 2 分		
	4. 检查方法及程序错误(每次)扣 2 分		
作业质量(50分)	1. 中继阀主活塞卡住,造成“电空”位和“空气”位制动管不充风的处理程序: (1)首先确认中立电空阀及遮断阀作用良好,用小管钳松下右侧螺堵; (2)用尖嘴钳子夹出供风阀; (3)将螺堵紧固。 2. 处理后的操纵注意事项: (1)用电空制动控制器的“运转”位控制总风缸向制动管充风; (2)用电空制动控制器的“中立”位控制制动管停止充风; (3)施行制动时,开放 121 塞门减压,并将电空制动控制器放“中立”位		
工具装备(10分)	1. 工具乱放,每次扣 2 分		
	2. 工具使用不当,每次扣 2 分		
	3. 遗失工具,每次扣 2 分,损坏工具扣 10 分		
	4. 损坏机车设备,失格		
考核时间(10分)	1. 超过规定时间每超 1 min,扣 1 分		
	2. 超过规定时间每超 5 min 以上每分钟(不包括 5 分)扣 5 分		
	3. 超过规定时间每超 10 min 以上(不包括 10 分),失格		
作业安全(10分)	1. 违反安全作业规定(每次)扣 2 分,严重者失格		
	2. 操作失误,造成自动开关跳开失格		
	3. 考试过程中造成工伤,失格		
	4. 操作失误,由于短路等原因烧损电器失格		
合计(100分)			

考评员签名: 认定人: 年 月 日

S17　SS4G 型电力机车 I 号低压柜正面检查

1. 考场要求

(1)考场环境:考场整洁并有隔离设施。

(2)考评员要求:考评员与考生的比例为 5∶1,且考评员不得少于 3 名。

(3)评分方式:考评人员单独评分,考评人员评分的平均成绩为考生的成绩。

(4)设备工具要求:一台与报考车型相一致的机车。

2. 考试形式

实作考试。

3. 考试时间

5 min。

4. 合格标准

满分 100 分,60 分及以上为合格。

职业技能等级认定
电力机车司机(技师)实作技能考核评分记录表

单位：________ 姓名：________ 性别：_____ 准考证号：________ 工种：________ 级别：________

试题名称：SS$_{4G}$型电力机车Ⅰ号低压柜正面检查

考核时间：5 min

操作开始时间：　时　分　　　　操作结束时间：　时　分

项　目	考核内容及评分标准	扣分因素及扣分标准	得　分
作业程序(10分)	1. 考试前未检查机车安全防护设施，扣2分		
	2. 检查部件后未恢复原状态(每次)扣0.2分		
	3. 错呼机车部件状态，未呼被检部件名称(每次)扣0.2分		
	4. 检查方法及程序错误(每次)扣1.5分		
作业质量(60分)	Ⅰ号低压柜正面检查： (1)各时间继电器、中间继电器、电压继电器状态良好，接线无松脱。 (2)各接触器、三相自动开关接线良好，动作状态良好，各部无过热现象。 (3)零压保护装置整流板、辅接地保护整流板接线完好。 (4)零压保护装置变压器281TC安装牢固，接线无松脱。 (5)电子延时继电器安装牢固接线良好，无松脱，外罩完好。 (6)二极管(503 V、504 V、509 V)安装牢固，接线无松脱。 (7)各电阻、电容器安装牢固，接线良好，无过热变色。 (8)端子板接线无松脱，各插座牢固，接线无破损脱落。 (9)LCU指示灯显示正常		
工具装备(10分)	1. 工具乱放，每次扣2分		
	2. 工具使用不当，每次扣2分		
	3. 遗失工具，每次扣2分		
	4. 损坏工具扣10分		
考核时间(10分)	1. 超过规定时间每超1 min，扣1分		
	2. 超过规定时间每超5 min以上每分钟(不包括5分)扣5分		
作业安全(10分)	1. 违反安全作业的有关规定(每次)扣0.5分		
	2. 锤击带有压力部位(每次)扣1分		
	3. 未按规定着装扣2分		
	4. 发生工伤失格		
合计(100分)			

考评员签名：　　　　　　　　认定人：　　　　　　　　年　月　日

S18　SS4G 型电力机车车顶部检查

1. 考场要求

(1)考场环境:考场整洁并有隔离设施。

(2)考评员要求:考评员与考生的比例为 5∶1,且考评员不得少于 3 名。

(3)评分方式:考评人员单独评分,考评人员评分的平均成绩为考生的成绩。

(4)设备工具要求:一台与报考车型相一致的机车。

2. 考试形式

实作考试。

3. 考试时间

10 min。

4. 合格标准

满分 100 分,60 分及以上为合格。

职业技能等级认定
电力机车司机(技师)实作技能考核评分记录表

单位:__________ 姓名:__________ 性别:______ 准考证号:__________ 工种:__________ 级别:__________

试题名称:SS_{4G}型电力机车车顶部检查

考核时间:10 min

操作开始时间: 时 分 操作结束时间: 时 分

项 目	考核内容及评分标准	扣分因素及扣分标准	得 分
作业程序(10分)	1. 考试前未检查机车安全防护设施,扣2分		
	2. 检查部件后未恢复原状态(每次)扣0.2分		
	3. 错呼机车部件状态,未呼被检部件名称(每次)扣0.2分		
	4. 检查方法及程序错误(每次)扣0.5分		
作业质量(60分)	1. 车顶门附近 (1)脚蹬牢固,车顶门挂钩锁闭良好,密封良好,门联锁行程开关(297QP)安装牢固,作用良好,接线无松脱。 (2)高压报警器,安装牢固,接线无松脱,显示正确。 (3)高压隔离开关手轮转动灵活。 2. 高压连接器 (1)连接触头良好,工作状态稳定。 (2)各瓷瓶清洁,无裂纹、无破损,安装牢固,无放电痕迹,缺损面积大于3 cm^2时应更换。 (3)导电杆安装牢固,连接螺栓紧固良好。 3. 高压电压互感器 (1)各瓷瓶无裂纹及放电痕迹。 (2)接线牢固,接地良好。 (3)无漏油和严重渗油。 (4)油压表玻璃无破损,油位符合要求。 4. 主断路器上部 (1)导电杆安装牢固,各瓷瓶清洁,无裂纹及破损,安装牢固,无放电痕迹。 (2)隔离开关动、静触头无松动、烧损、闭合不过位,触头厚度不小于8 mm,超程不小于1 mm。 (3)软线及连接螺栓牢固,无烧损。 5. 避雷器 (1)安装牢固,接线无松脱。 (2)瓷瓶清洁,无裂纹、无破损、无放电痕迹。 6. 高压电流互感器 (1)安装牢固,密封良好,接线无松脱。 (2)瓷瓶清洁,无裂纹、无破损、无放电痕迹。 7. 受电弓 (1)框架、上下支撑杆、推杆、平衡杆、弓头安装牢固、无变形,锁环无裂纹。 (2)滑板条厚度小于25 mm时应更换。 (3)弓头弹簧盒作用灵活,弓头连接销,开口销齐全完好。		

续上表

项　目	考核内容及评分标准	扣分因素及扣分标准	得　分
作业质量(60分)	(4)各连线无松脱,断股不得超过10%。 (5)阻尼器安装牢固无漏油、断裂。 (6)各支撑瓷瓶安装牢固,无断裂、无放电痕迹,缺损面积大于3 cm^2时应更换。 (7)升弓供风胶管无老化、破损,螺母无松动。 (8)快速降弓风管安装牢固无老化、破损。 (9)注油口严密,定期注入专用油脂。 8. 导电杆 (1)导电杆卡子无松动,支撑瓷瓶清洁完整,安装牢固,无断裂,无放电痕迹。 (2)连接软线螺栓无松动,软线断股不得超过10%。 9. 无线电话接收器 安装牢固、状态良好,接线无松动。 10. 风笛 风笛安装牢固,喇叭口清洁无异物,风管接头无松漏。 检查完毕,关闭车顶门,并锁闭		
工具装备(10分)	1. 工具乱放,每次扣2分		
	2. 工具使用不当,每次扣2分		
	3. 遗失工具,每次扣2分		
	4. 损坏工具扣10分		
考核时间(10分)	1. 超过规定时间每超1 min,扣1分		
	2. 超过规定时间每超5 min以上每分钟(不包括5分)扣5分		
	3. 超过规定时间每超10 min以上(不包括10分),失格		
作业安全(10分)	1. 违反安全作业的有关规定(每次)扣0.5分		
	2. 锤击带有压力部位(每次)扣1分		
	3. 未按规定着装扣2分		
	4. 发生工伤失格		
合计(100分)			

考评员签名:　　　　　　　　　　　　认定人:　　　　　　　　　　　　年　　月　　日

S19　SS4G 型电力机车高压室内检查

1. 考场要求

(1)考场环境:考场整洁并有隔离设施。

(2)考评员要求:考评员与考生的比例为 5∶1,且考评员不得少于 3 名。

(3)评分方式:考评人员单独评分,考评人员评分的平均成绩为考生的成绩。

(4)设备工具要求:一台与报考车型相一致的机车。

2. 考试形式

实作考试。

3. 考试时间

10 min。

4. 合格标准

满分 100 分,60 分及以上为合格。

职业技能等级认定
电力机车司机(技师)实作技能考核评分记录表

单位:________　姓名:________　性别:_____　准考证号:________　工种:________　级别:________

试题名称:SS4G 型电力机车高压室内检查

考核时间:10 min

操作开始时间:　　时　　分　　　　　　　　操作结束时间:　　时　　分

项　目	考核内容及评分标准	扣分因素及扣分标准	得　分
作业程序(10分)	1. 考试前未检查机车安全防护设施,扣2分 2. 检查部件后未恢复原状态(每次)扣0.2分 3. 错呼机车部件状态,未呼被检部件名称(每次)扣0.2分 4. 检查方法及程序错误(每次)扣0.5分		
作业质量(60分)	1. 第二牵引风机组 (1)门联锁杆完整无变形,门完好,网无破损。 (2)风筒无损坏,卡子齐全,作用良好。 (3)电机安装螺栓牢固,无过热烧损。 (4)电机接线盒牢固,接线无松脱。 (5)轴承注油堵齐全无损坏。 2. Ⅱ号低压柜上部 (1)各插座安装紧固,接线不松脱。 (2)各塞门在开放位。 3. Ⅱ号低压柜柜门 (1)柜门作用良好,无损坏。 (2)门正面各故障隔离开关均在正常位。 (3)门背面各故障隔离开关安装牢固,接线无松脱。 4. Ⅱ号低压柜正面 (1)各时间继电器、中间继电器、电压继电器状态良好,接线无松脱。 (2)各接触器状态良好,接线无过热、松脱,低压联锁良好。 (3)电子延时继电器安装牢固接线良好,无松脱,外罩完好。 (4)各闸刀位置正确,接触良好无烧损。 (5)各电阻、电容器安装牢固,接线良好,无过热变色。 (6)端子板接线无松脱,各插座牢固,接线无破损脱落		
考核时间(10分)	1. 超过规定时间每超1 min,扣1分 2. 超过规定时间每超5 min以上每分钟(不包括5分)扣5分 3. 超过规定时间每超10 min以上(不包括10分),失格		
作业安全(10分)	1. 违反安全作业的有关规定(每次)扣0.5分 2. 锤击带有压力部位(每次)扣1分 3. 未按规定着装扣2分 4. 发生工伤失格		
工具装备(10分)	1. 工具乱放,每次扣2分 2. 工具使用不当,每次扣2分 3. 遗失工具,每次扣2分 4. 损坏工具扣10分		
合计(100分)			

考评员签名:　　　　　　　　认定人:　　　　　　　　年　　月　　日

S20 DK-1 型电空制动机机能试验

1. 考场要求

(1)考场环境:考场整洁并有隔离设施。
(2)考评员要求:考评员与考生的比例为 5∶1,且考评员不得少于 3 名。
(3)评分方式:考评人员单独评分,考评人员评分的平均成绩为考生的成绩。
(4)设备工具要求:一台与报考车型相一致的机车。

2. 考试形式

实作考试。

3. 考试时间

10 min。

4. 合格标准

满分 100 分,60 分及以上为合格。

职业技能等级认定
电力机车司机(技师)实作技能考核评分记录表

单位:________　姓名:________　性别:_____　准考证号:________　工种:________　级别:________

试题名称:DK-1 型电空制动机机能试验

考核时间:10 min

操作开始时间:　　时　　分　　　　　　　　操作结束时间:　　时　　分

项　目	考核内容及评分标准	扣分因素及扣分标准	得　分
作业程序(10 分)	1. 考试前未检查机车安全防护设施,扣 2 分		
	2. 检查程序错误、不会口述试验程序及要求(每次)扣 0.2 分		
	3. 错呼机车部件状态,未呼被检部件名称(每次)扣 0.2 分		
	4. 制动机试验未发现假设,失格		
作业质量(60 分)	试验程序及要求: 第 1 步: (1)电空制动控制器、空气制动阀手柄“运转”位。 确认制动主管、均衡风缸压力为规定压力(600 kPa),机车制动缸压力为 0。 (2)电空制动控制器(大闸)由“运转”位移至“紧急”位。 制动管压力在 3 s 内降为 0。制动缸压力在 5 s 内升至 400 kPa,最高压力为 450 kPa,分配阀安全阀喷气,自动撒砂,有牵引级位时自动切除主断路器。 (3)空气制动阀(小闸)由“运转”位移至“缓解”位,并下压空气制动阀手柄。 制动缸压力应缓解到 0,松开空气制动阀手柄,制动缸压力不得回升。 (4)空气制动阀(小闸)由“缓解”位移至“运转”位,将电空制动控制器(大闸)手柄由“紧急”位移回“运转”位。 制动主管压力由 0 升至 580 kPa 时间不大于 9 s		
	第 2 步: (1)电空制动控制器(大闸)手柄由“运转”位移至“制动”位。 均衡风缸减压 140 kPa 的时间 5～7 s,制动缸压力升至 360 kPa 的时间为 6～8 s。 (2)电空制动控制器(大闸)回“运转”位制动管充满风后置“制动”位初制动。 列车管减压 40～50 kPa,制动缸压力为 90～130 kPa。 (3)电空制动控制器(大闸)回“中立”位。 均衡风缸、制动主管泄漏量每分钟分别不大于 5 kPa 和 10 kPa。 (4)电空制动控制器(大闸)再追加减压至 100 kPa。 制动缸压力为 240～270 kPa。 (5)电空制动控制器(大闸)回“中立”位,关制动缸供给塞门制动缸泄漏量每分钟不大于 10 kPa。 (6)电空制动控制器(大闸)再追加减压至 140 kPa。 制动缸压力为 340～380 kPa。 (7)电空制动控制器(大闸)手柄置“过充”位。 均衡风缸恢复 600 kPa,制动主管超过定压 30～40 kPa,制动缸压力不变。 (8)电空制动控制器(大闸)手柄回“运转”位。 制动管过充压力消除时间为 120～180 s,制动缸压力缓解至 0		

续上表

项　目	考核内容及评分标准	扣分因素及扣分标准	得　分
作业质量（60 分）	第 3 步： (1)空气制动阀(小闸)由“运转”位移至“制动”位。 制动缸压力上升 300 kPa 的时间不大于 4 s。 (2)空气制动阀(小闸)由“制动”位回“中立”位。 制动缸压力不变。 (3)空气制动阀(小闸)回“运转”位。 制动缸压力由 300 kPa 降至 40 kPa 的时间不大于 5 s		
	第 4 步： 将电空制动转换开关转置“空气”位，调整调压阀 53 压力为 600 kPa。空气制动阀手柄往复于“缓解”位～“制动”位。 校对均衡风缸、制动主管压力是否达到规定压力		
	第 5 步： (1)空气制动阀(小闸)由“缓解”位移至“制动”位。 均衡风缸减压 140 kPa，时间为 5～7 s。 (2)空气制动阀(小闸)由“制动”位回“中立”位并下压空气制动阀(小闸)手柄。 制动缸压力应能缓解，停止下压，制动缸压力停止下降。 (3)将空气制动阀(小闸)手柄由“中立”位移至“缓解”位。 均衡风缸、制动管恢复规定压力。 (4)空气制动阀(小闸)手柄在“缓解”位下压手柄。 制动缸压力应缓解至 0		
	第 6 步： 空气位操作完毕后，将扳键开关恢复至“电空”位操作，调整调压阀 53 压力为 300 kPa。 将空气制动阀(小闸)手柄由“中立”位移至“缓解”位，再由“缓解”位移至“制动”位，制动缸压力为 300 kPa，回“运转”位		
	第 7 步： (1)电空制动控制器(大闸)手柄由“运转”位移至“制动”位。 制动管减压 140 kPa，检查排风及制动缸压力是否正常。 (2)电空制动控制器(大闸)手柄回“中立”位。 制动管、制动缸是否保压。 (3)电空制动控制器(大闸)手柄回“运转”位。 均衡风缸、制动管恢复规定压力，制动缸压力为 0		

续上表

项　目	考核内容及评分标准	扣分因素及扣分标准	得　分
作业质量（60分）	第 8 步： (1)拉动手动放风阀手柄。 应起紧急制动作用，制动主管压力 3 s 内降至 0，制动缸升至 450 kPa，主断路器跳闸（调速手轮离开“0”位时）。 (2)切断电空制动电源。 应起常用制动作用。 (3)合上电空制动电源。 应恢复正常。 (4)电阻制动联锁性能。 换向手柄置“制”位，调速手柄置“1”级以上，应能有 50 kPa 减压量，制动缸升压，延时 25 s 后能自动缓解。 检查试验完毕后，调速手柄置回“0”位，换向手柄置“中立”位，将电空制动控制器（大闸）、空气制动阀（小闸）置于规定位置		
考核时间（10分）	1. 超过规定时间每超 1 min，扣 1 分		
	2. 超过规定时间每超 5 min 以上每分钟（不包括 5 分）扣 5 分		
	3. 超过规定时间每超 10 min 以上（不包括 10 分），失格		
作业安全（10分）	1. 违反安全作业规定（每次）扣 2 分，严重者失格		
	2. 操作失误，造成自动开关跳开失格		
	3. 考试过程中造成工伤失格		
	4. 操作失误，由于短路等原因烧损电器失格		
工具装备（10分）	1. 工具乱放，每次扣 2 分		
	2. 工具使用不当，每次扣 2 分		
	3. 遗失工具，每次扣 2 分		
	4. 损坏工具扣 10 分		
合计（100分）			

考评员签名：　　　　　　　　　　　　认定人：　　　　　　　　　　　　年　　月　　日

第二部分　高级技师

1. CAB-A 型制动机无动力回送设置方法是什么？

答：(1)自动制动手柄置“重联”位，单独制动手柄置“运转”位；

(2)断电钥匙，断蓄电池；

(3)空气制动阀 PBTV 上的转换塞门和辅助功能模块 ACM 上的无动力塞门均置“投入(IN)”位；

(4)将停放隔离塞门置于“隔离”位(水平位)；

(5)通过手拉缓解停放制动；

(6)连接列车管并打开折角塞门，平均管折角塞门处于关闭状态；

(7)确认停放制动处于缓解状态；

(8)本务机车试验，确认无动力机车制动和缓解作用良好。

2. HXD3C 型电力机车高压试验的升降弓试验内容及要求是什么？

答：(1)后弓试验

①将受电弓扳键开关 SB41(SB42)置“升”位

a. 听升弓电磁阀得电充风声；

b. 观察受电弓上升正常，无冲网现象，升弓时间不得大于 5.4 s；

c. 确认网压表及微机显示屏网压显示正常。

②将受电弓扳键开关 SB41(SB42)置“降”位

a. 观察受电弓下降正常，无砸车顶现象，降弓时间不得大于 4 s；

b. 确认网压表及微机显示屏显示网压为 0。

(2)前弓试验

试验内容同后弓试验。

3. HXD3C 型电力机车高压试验的主断路器试验内容及要求是什么？

答：将主断路器扳键开关 SB43(SB44)置“主断合”位：

(1)听主断路器闭合声及辅变流器 2(APU2)启动后，水泵、辅变流器风机、油泵投入工作声；

(2)看机车状态指示屏“主断分”灭；

(3)进入微机显示屏“风机状态”画面，确认变压器油泵 MA21、MA22 及水泵 MA27、MA28 投入工作；

(4)进入微机显示屏“辅助电源”画面，看辅变流器 2(APU2)输出频率为(50±1)Hz；

(5)观察控制电路电压表及微机显示屏，看控制电路电压显示 110 V；

(6)进入机械室确认冷却系统水流量计显示流量正常。

4. SS4G 型电力机车辅接地的处理方法是什么？

答：(1)现象

辅接地灯亮，跳主断路器。

(2)处理

①切除热饭电炉、取暖电炉、空调、窗加热重新合闸一次，仍跳，则将 237QS 置“故障”位，维持运行，加强巡视。

②如果是启动辅机出现接地，依次断开辅机的空气断路器，重新合闸后启动辅机，直到确认哪个辅机接地，断开该辅机的空气断路器，并作其他相应的处理。

5. SS4G 型电力机车辅过流的处理方法是什么？

答：(1)现象

主显示屏显示辅回路灯亮辅显示屏显示辅过流。

(2)处理

检查辅机接触器及辅机接线无焊接、烧损现象和焦煳气味，重新合闸一次，如仍动作，确认 282KC 无异状，切除该节车。

6. SS4G 型电力机车牵引风机故障的处理方法是什么？

答：(1)现象

辅屏显示牵引风机灯亮。

(2)原因

牵引风机故障。

(3)处理

①逻辑控制单元(LCU)转换至另一组。

②检查确认该牵引风机接触器本身故障，将对应的自动开关扳下，若起牵引风机出现辅接地或辅过流，牵引风机本身烧损。将对应的牵引风机故障开关、牵引风速故障开关置“故障”位。断开主断路器，降弓，将牵引风机对应的两台牵引电机故障闸刀置“故障”位。

7. SS4G 型电力机车制动风机故障的处理方法是什么？

答：(1)现象

辅屏显示制动风机灯亮。

(2)原因

制动风机故障。

(3)处理

①逻辑控制单元(LCU)转换至另一组。

②209KM 或 210KM 不吸合,接触器本身故障,起制动风机出现辅接地或辅过流,制动风机本身烧损,电制不能使用。

8. SS4G 型电力机车预备灯不灭的处理方法是什么?

答:(1)将逻辑控制单元(LCU)转另一组再试。

(2)高级位预备不灭,风速继电器故障,若各风机启动正常,将故障节所有风速故障开关置“故障”位,并注意监视各风机的运转。

(3)电空阀故障等导致两架的牵制转换鼓或前后转换鼓不转换,断开主断路器,降弓,人工转换,注意安全。

(4)主断路器联锁不良,将Ⅰ号端子柜 531 线与 433 线短接。

9. SS4G 型电力机车励磁过流、电制动自动切除的处理方法是什么?

答:(1)现象

主显示屏显示励磁过流灯亮。

(2)原因

励磁回路中有过流现象。

(3)处理

调速手轮回“0”位,重新合主断路器一次,再给电制动,若不行则不用电制动。

10. SS4G 型电力机车“牵引电机”灯亮、“主断”跳的处理方法是什么?

答:(1)现象

主、辅显示屏均显示牵引电机灯亮。

(2)原因

某台牵引电机过流。

(3)处理

①逻辑控制单元(LCU)插件故障,逻辑控制单元(LCU)转换另一组。

②电子柜插件故障,转另一组维持运行。

③牵引电机故障,将故障电机闸刀置“故障”位。

11. SS4G 型电力机车“主接地”灯亮、“主断”跳的处理方法是什么?

答:(1)现象

主显示屏显示主接地灯亮。

(2)原因

97KE 或 98KE 动作。

(3)处理

①重新合闸一次,仍动作则将其相应的主接地闸刀置"故障"位,维持运行,加强巡视。

②只在高级位接地时,可适当降级运行。

12. HXD3D 型电力机车低压试验前的准备工作有哪些?

答:(1)闭合控制电器柜控制接地自动开关 QA59,蓄电池自动开关 QA61、CBI 脱扣,确认蓄电池电压不低于 96 V。

(2)打开升弓风缸塞门 U99 和总风截断塞门 A24,确认总风缸风压不低于 700 kPa(否则需升弓打风)各风路塞门处于正常位置。

(3)将试验开关 SA75 置"试验"位。

13. HXD3C 型电力机车高压试验的牵引试验内容及要求是什么?

答:(1)弹停转换开关置"缓解"位,看机车状态指示屏"停车制动"红灯灭。

(2)通过微机显示屏触摸开关恢复主变流器 CI1～CI3。

(3)将调速手柄置牵引"*"位,微机显示屏显示"1.0"级、牵引电机 M1～M3 输出扭矩显示 13 kN 左右。

(4)调速手柄退回"0"位,看微机显示屏牵引电机 M1～M3 输出扭矩变为 0、手柄级位显示"0"级。

(5)通过微机显示屏触摸开关切除主变流器 CI1～CI3、恢复主变流器 CI4～CI6,将调速手柄置牵引"*"位,微机显示屏显示"1.0"级、牵引电机 M4～M6 输出扭矩显示 13 kN 左右。

(6)调速手柄退回"0"位,看微机显示屏牵引电机 M4～M6 输出力矩变为 0、手柄级位显示"0"级。

(7)换向手柄置"0"位,通过微机显示屏触摸开关切除主变流器 CI4～CI6。

14. 电空制动控制器手柄置"制动"位,均衡风缸、制动管不减压的检查处理方法是什么?

答:(1)可先转"空气"位进行减压制动,有条件时恢复"电空"位;

(2)电空制动控制器手柄"制动"位,检查制动电空阀 257YV 是否排风,如其不排风,看是否吸合,如已吸合,可将 260 V 二极管接线拆开;如 257YV 不吸合,"空气"位操作维持运行,回段检修。

15. 电空制动控制器手柄置"运转"位,均衡风缸充风正常,制动管不充风的检查处理方法是什么?

答:(1)确认中继阀制动管塞门开放后,检查中立电空阀 253 YV,手按其阀杆能动作,松手后有排风声为正常("运转"位);如其在闭合位或松手后无排风声,可将 253YV 的阀杆拔起或将 253YV 拆下使用"空气"位操作。

(2)如"空气"位操作,制动管仍不充风,一般属于中继阀故障,可用手锤轻击振动中继阀和遮断阀,还不充风,应拆检遮断阀和中继阀。

16. DK-2 型制动机制动柜中电动放风阀 94 或电动放风阀 98 排风不止的处理方法是什么?

答:(1)将机车紧急制动按钮手动复位。

(2)电动放风阀 94 故障可关闭塞门 117 隔离,电动放风阀 98 故障可关闭塞门 118 隔离。塞门 117 或 118 关闭后,显示屏会有相应提示。

(3)关闭 117 或 118 塞门后,施行紧急制动时,制动管排风速度较正常情况要慢,需紧急制动时,立即将自动制动阀(大闸)置"紧急制动"位,并将紧急制动阀拉下,防止后部车辆不能产生紧急制动作用。

17. HXD3D 型电力机车直供电一路不能供电的故障处理方法是什么?

答:(1)断供电钥匙及主断路器,将操纵台故障对应的列供 A/B 组转换开关转换到另一组,重新合主断路器、给供电钥匙。

(2)仍无效,断供电钥匙及主断路器,然后将电器控制柜列供一 QA48 或列供二 QA49 自动开关断开后稍作停留再闭合,重新合主断路器、给供电钥匙。

(3)如不能消除故障则一路供电维持运行。

处理故障时,严禁在不断开供电钥匙的情况下操作。

18. HXD3D 型电力机车辅助变流器 APU 一组不工作故障处理方法是什么?

答:(1)某一组辅助变流器故障后微机控制系统自动切除故障、转换,进入微机屏确认 KM20 闭合,则不做处理,继续维持运行。

(2)微机不能自动切换,断开主断路器的情况下,人工通过微机屏切除故障辅变流器后,再合主断路器使另一组辅变流器启动。

(3)仍不能切换,则重新断合 QA47 或 QA67,再合主断路器。

(4)仍不能工作则断自动开关 QA70 进行大复位操作。

19. DK-1 型制动机"电空"位操纵,电空制动控制器(大闸)"运转"位列车管表针来回摆动充不起风,有大排气声的判断处理方法是什么?

答:判断处理:

电空制动控制器(大闸)手柄在"运转"与"紧急"位间来回移动几次,若故障仍不消除时则检查紧急阀或电动放风阀,关闭不严时关闭相应的紧急阀列车管塞门 116 或电动放风阀列车管塞 117 维持运行,当 117 塞门关闭后,采用手动放风阀来紧急制动。

20. 机车担当重联运行时,制动机应如何处理?

答:当机车作为重联时,该机车制动机受本务机操纵,因此重联机需作以下处理:

(1)将操纵端电空制动控制阀手柄置"重联"位(或取出);空气制动阀手柄在"运转"位(或取出)。

(2)开放分配阀缓解塞门 156。

(3)如无电控制动电源，还应将中继阀的列车管塞门 115 关闭。

21. 新 HXD_2 型电力机车制动机备用模式转正常模式方法是什么？

答：(1)将操作端自动制动阀(大闸)手柄置“紧急”位，在制动显示屏上按压【F4/设置】进入下一级菜单。

(2)按压【F4】键选择“正常”模式——按压【F1/确认】键。

(3)将操纵端制动柜上的平均管重联塞门 RB-EQ 恢复至“主控”位，非操纵端制动柜上的平均管重联塞门 RB-EQ 恢复至“从控”位。

(4)自动制动阀(大闸)手柄置“抑制”位解锁，确认制动显示屏显示“正常模式”，即可在“正常模式”下进行操作。

22. HXD_{3C} 型电力机车受电弓故障时的运行方法是什么？

答：(1)受电弓升弓气路发生故障时，让该受电弓降下，并将侧墙升弓气路板上的阀门关闭，切断该受电弓的气路。

(2)一组受电弓损坏且存在接地故障的情况下，将控制电器柜的转换开关 SA96 打至相应“隔离”位，使车顶上相应受电弓的高压隔离开关 QS1 或 QS2 断开，该受电弓被隔离，机车可升起另一组受电弓，维持运行，回段后再做处理。

23. HXD_{3C} 型电力机车 TCMS 故障栏显示复合冷却器风机故障的处理方法是什么？

答：(1)现象

微机屏显示“冷却塔风机 1”或“冷却塔风机 2”故障，对应 3 组主变流器力矩显示为 0。

(2)处理

①检查控制电器柜相应的“冷却塔风机 1”或“冷却塔风机 2”空气自动开关，断合几次防止假跳。

②该风机仍不运转时，可暂时用 3 台维持运行。

24. HXD_{3C} 型电力机车高压试验的压缩机试验内容及要求是什么？

答：(1)总风缸风压低于 750 kPa 时，将压缩机扳键开关 SB45(SB46)置“压缩机”位。

①听空气压缩机 1、2 间隔 3 s 依次启动；

②进入微机显示屏“空制状态”画面，看压缩机 CMP1、CMP2 正常投入工作；

③当总风缸风压升至 900 kPa 时，压缩机 1、2 同时停止工作。

(2)将压缩机扳键开关 SB45(SB46)置“强泵风”位不松手。

①压缩机 1、2 投入工作，总风缸风压升至 950 kPa 时听高压安全阀喷气声；

②松开压缩机扳键开关 SB45(SB46)，压缩机 1、2 停止工作。

25. 新 HXD_2 型电力机车制动缸隔离的方法是什么?

答:(1)现象

制动缸压力不能缓解。

(2)原因

停放制动故障或制动缸故障。

(3)处理

将制动缸隔离塞门 RB(IS)CF1(转向架 1)和 RB(IS)CF2(转向架 2)切换至隔离状态即可切除制动缸。

(4)提示

两个转向架的制动缸均隔离时,本节机车将牵引封锁。

26. 新 HXD_2 型电力机车控制单元不在线的处理方法是什么?

答:机车在运行的过程中可能存在控制单元不在线的情况,此种故障一般是由于部件自身故障或通信线路故障造成的,当发生此类故障时,可按照如下情况进行操作:

(1)先通过微机复位按钮进行复位;

(2)检查相关断路器状态;

(3)检查连接器是否松动;

(4)在条件许可的情况下,对单个控制单元进行断电复位;

(5)对整车进行断电复位。

27. 新 HXD_2 型电力机车牵引无流的处理办法及注意事项是什么?

答:(1)牵引无流处理方法

机车发生牵引无流时,应将调速手柄回"0"位,再次将手柄置"牵引"位,大部分情况下牵引应能恢复。如果牵引不能恢复,则按下微机复位按钮,并根据主界面提示栏进行操作。如仍然封锁,停车后进行蓄电池断电复位,隔离故障点维持运行至前方车站或回段后再做处理。

(2)注意事项

自动过分相后,主断路器闭合后发生牵引无流,应将调速手柄回"0"位,然后到机械间无线电台柜自动过分相主机处,按压过分相主机上的过分相试验按钮,此时主断路器断开,显示屏提示过分相,15 s 以后再次按压过分相测试按钮,主断路器闭合,将调速手柄推至"牵引"位,可给出牵引力。

28. 新 HXD_2 型电力机车无动力回送设置方法是什么?

答:(1)将车上系统柜蓄电池隔离开关 Z-BA 置左侧隔离,断开车下蓄电池闸刀 H-BA。

(2)通过只接制动隔离阀 RB(IS)FD,隔离直接制动(打竖直位)。

(3)使用紧急制动隔离阀 RB(IS)Q(ECH)URG,将紧急制动阀切除(打横位)。

(4)将无动力塞门 RB-MV 置"无火"位(打横位)。

(5)检查闸瓦间隙,如停车制动已用,用拉环缓解(每个转向架 1 个,共 4 个)。

(6)开放总风折角塞门排空总风后关闭,连接列车管,确认机车制动缓解作用良好。

注:除蓄电池开关及总风折角塞门,其余各阀均在制动柜。

29. 在坡道上被迫停车后起车时的操纵方法是什么?

答:(1)停车前应撒砂,并注意适当增加制动力使车钩呈压缩状态,便于重新起车。

(2)起动前应打满风。

(3)用“小闸”使机车全部缓解。

(4)起动时,应在前部车辆已缓解,而后部车辆仍在缓解过程中及时加力牵引,机车起动后,在不空转的条件下,迅速、准确地提手柄,使列车逐辆顺利起动。

(5)如第一次起动失败后,应后退压缩车钩,同时适当撒砂,使用“大闸”制动停车(机车缓解,必要时制动过程中还可提手柄压钩),然后缓解,并不失时机地起动(后退车未停稳时严禁起动)。如确起动不了,应按有关规定退行至适当地点再起动闯坡,或退回车站再行发车,尽量减少列车占用区间时分,安装有列尾装置的列车除外。

30. 通过慢行处所时的制动机操纵方法是什么?

答:(1)列车运行中,当通过慢行处所前,应根据牵引重量、辆数、当时速度、天气、线路状况等情况,施行适当的减压。

(2)当列车速度将降至所规定的速度前,须立即施行缓解(如果规定慢行速度过低时,在缓解列车制动时须特别注意机车制动)。

(3)缓解后列车速度即可降至规定速度,使列车在缓解状态下通过慢行处所,以保证按规定速度通过。

(4)如事先未将速度降至限制速度,待已进入慢行处所再进行强制制动减速,不但不能安全通过,并易引起列车脱线等事故发生。列车通过慢行处所时,一般旅客列车速度降至限速 5 km/h 以前缓解,货物列车降至 10 km/h 以前缓解,使全列车按规定速度运行。

(5)一般情况下禁止货物列车在 10 km/h 以下速度缓解,如遇特殊情况必须在此速度下缓解,应先将“小闸”推向“缓解”位,同时撒砂,然后再施行列车缓解,以保证降速安全。

31. 受电弓落不到位的调整方法是什么?

答:(1)原因

受电弓在使用中有时出现落弓不到位。这种现象一般是由于滑板磨耗后弓头重量减轻,使弓头静态接触压力值变化而造成的。

(2)调整步骤

①检查静态接触压力值,并按调整静态接触压力的方法,恢复到规定值;

②检查扇形板最右侧的调整螺钉是否过高;

③调整拉杆绝缘子的拉杆长度,使之增长,以便增加降弓弹簧的降弓力矩;

④检查推杆长度是否超过规定值(1 580 mm)；

⑤检查传动风缸和受电弓之间在车顶盖上的安装距离是否发生变化；

⑥检查传动风缸内的降弓弹簧刚度是否变低。

32. SS4G 型电力机车大修配件重点验收范围有哪些？

答：(1)牵引电机；

(2)异步辅助电机；

(3)直流辅助电机；

(4)劈相机；

(5)主变压器；

(6)受电弓；

(7)主断路器；

(8)硅整流柜；

(9)高压电器柜；

(10)辅助电器柜；

(11)控制电器柜；

(12)制动柜；

(13)控制电源屏；

(14)励磁电源屏；

(15)转向架。

33. 对受电弓的升降有什么要求？

答：(1)初始快，终了慢，即受电弓上升时，动作开始要快，但接触导线时要求缓慢，以减少对接触网导线的冲击；

(2)降弓时开始离开接触网导线要快，避免拉弧，而接近到最低位时要慢，以减少对车顶的冲击力。

34. SS4G 型电力机车大修后主变压器须符合哪些要求？

答：(1)主变压器吊出器身检查，分解高低压绕组，清除积垢与油垢。各部绝缘无老化裂损；绕组无变形位移。各绕组引出线无裂损、开焊。原边绕组(A)端引出线的外包绝缘更新。

(2)绕组之间的绝缘筒、撑条及垫块无裂损、变形、松动。绕组上下端部衬垫的绝缘纸板平整，无破损，安装牢固。

(3)母线之间的木夹板无裂损，螺栓螺母良好，所有紧固件防缓装置齐全，作用良好。母线及其端部软连线不许有裂损开焊，连接牢固。接地装置完好。

(4)检查铁芯扼部紧固状态及其所连接的附件状态良好。

35. HXD3D 型电力机车低压试验中主变流器接触器动作试验的内容是什么?

答:分闸状态下,将微机屏画面由机器状态进入至主变流器,然后将换向手柄打至“向前”位,听主变流器充电接触器吸合声,然后断开,主变流器工作接触器吸合声,在微机屏画面看各主变流器充电接触器吸合,然后断开,工作接触器吸合,将换向手柄打至“0”位,听主变流器工作接触器断开声,看工作接触器断开,将换向手柄打至“后”位,试验要求同“向前”位。

36. HXD3D 型电力机车高压试验前的准备工作是什么?

答:(1)确认各故障隔离开关置“正常”位,调速手柄在“0”位。

(2)确认车顶门关好,蓝色钥匙已拔出并插入空气管路柜上的升弓气路闸,开通升弓气路闸,且辅助压力表达到 650 kPa 以上。

(3)通过微机显示屏,将 4～5 组 CI 主变流器隔离。

(4)机车制动、制动机压力保持 300 kPa。

(5)确认机组人员到齐,车上车下无人作业后,高呼“升弓啦!”并鸣笛一长声。

37. HXD3D 型电力机车高压试验中对升降弓试验程序及要求有哪些?

答:闭合前受电弓按钮,注意受电弓上升过程中不得冲击接触网,升弓时间≤5.4 s,(升弓前呼唤并鸣笛)看机械网压表和微机屏显示电网电压,断开前受电弓扳钮,注意受电弓下降过程中不得冲击车顶,降弓时间≤4 s,看机械网压表和微机屏电网电压消失。闭合、断开后受电弓扳钮,要求同前受电弓,试验完毕后升起后弓。

38. 机车窜车时的处理方法是什么?

答:(1)A/B 组一架窜车

①紧 454、468 插头。

②若无效切除两故障电机。

(2)A/B 组一节窜车

①检查 532KT 衔铁是否下垂。

②无效时切除一个单节。

(3)A/B 组两节窜车

①主司控故障或司控插头松,紧司控插头无效,用副台维持。

②操纵节 556KA 卡劲,人工闭合。

③(1598、160 号机车)非操纵端钥匙未断,各司控器不在“0”位。N105、N106 插座接触不良时紧固。

39. 发生弓网故障时司机报告的内容有哪些?

答:列车运行途中,司机发现接触网有异状、网压异常、不明原因自动降弓等情况时,应立即断电、降弓并停车;同时将停车地点公里标、停车原因和故障地点公里标,向车站值班员(列车调度员）报告，车站值班员报告列车调度员，动车组列车随车机械师应根据故障信息记录，及时向司机反馈故障发生时间等信息，由司机报告列车调度员，列车调度员及时转报供电调度员。

40. 列车起动时如何防止断钩？

答：（1）列车起动前，按压列尾装置司机控制盒绿键，检查尾部列车制动管压力应与机车制动管压力基本一致。

（2）列车完全缓解后再起动，伸开车钩再加速。

（3）非起动困难线路，尽量不使用压缩车钩的方法起动列车。

（4）坡道起动，视情况可采用先加载后缓解制动的方法，随着列车缓解再逐步加大起动电流。

（5）双机及多机重联或使用后部补机时，要加强联系，相互配合，协同操纵，动作一致。

41. SS_{4G} 型电力机车“原边过流”灯亮，“主断”跳的处理方法是什么？

答：（1）如 101KC 动作，确认无烧损现象和焦煳气味，重新合闸一次，仍跳，检查 101KC 无异状，切除该节车。

（2）如一合闸即跳，显示“原边过流”，101KC 未动作，则切除该节车。如牵引力不足，则切除故障整流柜，保持 3/4 的牵引力。

（3）如手轮离“0”位即跳，显示“原边过流”则拔下整流柜 75、77 或 76、78 插头，注意包好插头，避免短路（判断不清哪一架有问题，可试拔，牵引力足够时，切除该节车）。

42. SS_{4G} 型电力机车甩单节的方法是什么？

答：（1）甩操纵节。将操纵节零压保护故障隔离开关打到“故障”位，切除零压保护；主断路器隔离开关转到“故障”位；蓄电池重联闸刀 668QS 置“重联”位，不带逻辑控制装置的机车将预备中继 556KA 顶死。

（2）甩非操纵节。将非操纵节零压保护故障隔离开关打到“故障”位，切除零压保护；主断路器隔离开关转到“故障”位；蓄电池重联闸刀 668QS 置“重联”位。

43. HXD_{3C} 型电力机车微机 TCMS 屏黑屏处理方法是什么？

答：（1）确认微机屏上无异物，断开微机电源。

（2）用手指一直按住触摸屏，此时按住触摸屏的手指不要拿开，给电源，大约 10 s 左右，屏幕右上角出现一个白色小光标，按住光标 2～3 s，此处光标消失（发出噼的声音），触摸屏左下角出现同样的光标，按住此处光标 2～3 s，光标消失（发出噼的声音），此时进入 TCMS 英文黑白菜单界面。

（3）按左下角“write config”（写入）触摸按钮，再按右下角重启触摸按钮，重启电源，待微机启动后，再试 TCMS 触摸屏各触摸按钮，有效、修复成功。

（4）如微机屏仍无法启动，则将前后端微机显示屏倒换。

44. 新 HXD2 型电力机车制动系统一次缓解的转换方法是什么?

答:(1)将操作端自动制动阀(大闸)手柄置"紧急"位,在制动显示屏上按压 F3 键【空气制动】进入下一级菜单—按压 F4 键【货车位/客车位】选择"货车"位("货车"位是一次缓解)—按压 F1 键确认;

(2)将制动柜上的一次/阶段缓解切换塞门打到一次"缓解"位,即完成了阶段缓解和一次缓解模式的切换。

45. 新 HXD2 型电力机车换端操作程序是什么?

答:(1)在操纵端将主压缩机扳键开关置于"0"位,断主断路器,降弓,取下电钥匙,方向手柄回"0"位,取下换向手柄,断开 LKJ 电源转换开关,将自动制动阀(大闸)、单独制动阀(小闸)手柄置于"全制"位。

(2)将本节制动柜上的平均管重联塞门(RB-EQ)由"主控"位转至"从控"位,它节制动柜上的平均管重联塞门(RB-EQ)由"从控"位转至"主控"位。

(3)到它节司机室闭合电钥匙,升弓,合主断路器,闭合压缩机及 LKJ 电源,此节成为新的操纵端。

46. CAB-B 型制动机无动力回送设置方法是什么?

答:(1)自动制动阀手柄置"重联"位,单独制动阀手柄置"运转"位,插好定位销;

(2)按压司机室停放缓解按钮,确认停放制动完全缓解(停放制动指示器呈绿色);

(3)关闭停放隔离塞门 PBM.06(手柄置水平),确认停放制动指示器完全变红后,手拉每个停放制动单元缓解拉环,缓解全车停放制动;

(4)辅助功能模块 ACM 上的无动力塞门 CK1 和空气制动阀模块 PBTV 上的转换塞门 CKDE 均置"无火"位;

(5)断开电源柜中自动开关"=32-F02";

(6)连接列车管后,缓慢开启无动力回送机车与本务机车的列车管折角塞门;

(7)本务机车缓解并制动至少 3 次,观察无动力机车制动缸压力能正常缓解与制动。

47. 新 HXD2 型电力机车制动系统重联模式设置方法是什么?

答:当机车与其他机车重联仅接列车管做补机时,制动系统按如下设置:

(1)将两端司机室的自动制动阀(大闸)手柄均置于"运转"位,然后将两节机车制动柜上的重联控制阀 RB-UM-MV 均切换至"从控"位。

(2)再将两节机车制动柜上的平均管重联塞门 RB-EQ 均切换至"主控"位。

48. DK-2 型制动机后备制动模式如何操作?

答:(1)将自动制动阀(大闸)手柄置"紧急"位,单独制动阀(小闸)手柄置"运转"位,制动机断电后将自动制动阀(大闸)、单独制动阀(小闸)都置"运转"位。

(2)将操纵节司机室后备制动模块上的后备塞门打开,此时操纵节的制动机会自动断电。

(3)将两节车上的制动机电源都断开(每节车上=28-F04、=28-F06开关打到向下位置)。

(4)将操纵节制动柜上的转换阀153由“正常”位转到“空气”位。

(5)将非操纵节制动柜上的中继阀列车管塞门115置“关闭”位。

(6)调节后备制动调压阀,使其输出压力为列车管定压,操作后备制动控制手柄,对机车进行制动和缓解,按压后备制动单缓按钮,可以单缓机车。

49. HXD3C型电力机车高压试验前的准备工作有哪些?

答:(1)确认机车各闸刀、试验开关、故障转换开关、风路塞门、车顶门、各屏柜门均在“正常”位。

(2)确认总风风压不低于700 kPa,机车制动缸风压不低于300 kPa。

(3)检查控制电路电压不低于96 V。

(4)通过微机显示屏将主变流器CI1~CI6全部切除。

(5)将非操纵端自动制动手柄锁定在“重联”位,单独制动手柄置“全制”位,锁闭非操纵端司机室门窗。

(6)确认操纵端司机控制器手柄在“0”位、机车电钥匙在“0”位。

(7)确认机车停留在有电区且接地线已撤除、隔离开关已闭合,机车两端地面防护牌、信号旗(信号灯)已撤除,机车周围无闲杂人员且均处于安全区域,高压试验人员均在司机室。

50. HXD3D型电力机车低压试验中的蓄能制动动作试验内容是什么?

答:自动制动阀和单独制动阀置“运转”位,操作停放制动开关(自复式)置“制动”位,听空气制动柜停放制动启动声,看故障显示屏停车制动灯亮,微机屏开关状态第三页KP53绿灯灭。单独制动阀上200 kPa以上,听空气制动柜停放制动缓解声,看故障显示屏停车制动红灯灭,微机屏开关状态第三页KP53绿灯亮。单独制动阀缓解至0,听空气制动柜停放制动启动声,看故障显示屏停车制动红灯亮,微机屏开关状态第三页KP53绿灯灭,操作停放制动开关置“缓解”位,听空气制动柜停放制动缓解声,看故障屏停车制动红灯灭,微机屏开关状态第三页KP53绿灯亮。

51. HXD3D型电力机车高压试中启动压缩机试验程序及要求有哪些?

答:闭合压缩机扳键至“自动打风”位,总风750 kPa以下,听第一压缩机启动无异声,看网压波动一次,微机屏第一压缩机接触器KM13指示灯亮,3 s后第二压缩机开始启动,听第二压缩机启动无异声、看网压波动一次,微机屏第二压缩机接触器KM14绿灯亮。当总风打至(900±20)kPa,听两台空气压缩机停机,微机屏第一、二压缩机接触器KM13、KM14绿灯灭,当总风风压低于825 kPa时,操纵端第一台压缩机投入工作。

将空气压缩机扳键开关SB45/46置“强泵”位,空气压缩机启动,当总风缸压力上升于(950±20)kPa时,听高压安全阀动作排风声,人工断开“强泵”扳键开关恢复至“自动打风”位。

52. 发生弓网故障时司机停车后如何检查处理？

答：停车后，司机（动车组列车为随车机械师）应对受电弓和停车地点可见范围内接触网进行检查，若受电弓、接触网外观无明显异常，可恢复运行并报告车站值班员（列车调度员）。需登顶检查处理受电弓时，司机（动车组列车为随车机械师通过司机）向列车调度员提出申请。需登顶作业时，列车调度员还应通知该供电臂内的所有列车停车并降弓，与供电调度员办理接触网停电手续，得到供电调度员接触网已停电的通知后，发布准许登顶作业的调度命令。列车不能继续运行时，立即报告车站值班员（列车调度员）请求救援。

53. 司机在运行中发现本线接触网上挂有异物时的处置方法是什么？

答：司机在运行中发现本线接触网上挂有异物时，应立即采取措施并向车站值班员（列车调度员）汇报异物情况和故障地点，车站值班员（列车调度员）及时通知供电部门检查处理，车站值班员报告列车调度员。列车调度员转报供电调度员。

本线挂有异物时，如异物情况不影响行车，司机按正常行车方式通过。本线降弓可以通过时，司机按降弓方式通过该地点，列车调度员向该线后续列车发布降弓通过故障地点的调度命令，降弓位置原则上按司机汇报故障地点前后各 200 m 确定。不能降弓通过时司机应立即停车并报告，车站值班员（列车调度员）应立即通知本线后续列车停车，不得再向该区间放行列车。

54. HXD_1 型电力机车升不起受电弓的故障处理方法是什么？

答：(1)按压司机室“微机复位”按钮复位，按压时间>1 s。

(2)依次按压显示屏“主要数据”→“封锁条件”→“受电弓”按键进入“受电弓状态”界面，根据信息提示进行处理。

(3)将操纵节受电弓模式选择开关=21－S02 置“前弓”位（外重联模式机车升前弓也需将运行端该节车受电弓模式选择开关=21－S02 置“前弓”位）。

(4)大复位：断开司机室“控制电源开关”进行大复位，断开时间>10 s。大复位时每节车都要进行，防止操作无效。

(5)排查受电弓风路，电路保险。确认是否发生弓网事故。

55. 新 HXD_2 型电力机车制动系统阶段缓解的转换方法是什么？

答：(1)将操作端自动制动阀（大闸）手柄置“紧急”位，在制动显示屏上按压 F3 键【空气制动】进入下一级菜单—按压 F4 键【货车位/客车位】选择“客车”位（“客车”位是阶段缓解）—按压 F1 键确认；

(2)将制动柜上的一次/阶段缓解切换塞门打到阶段“缓解”位，即完成了一次缓解和阶段缓解模式的切换。

56. 新 HXD_2 型电力机车制动系统定压切换及补风/不补风/中立切换的方法是什么？

答：(1)将操作端自动制动阀（大闸）手柄置“紧急”位。

(2)在制动显示屏上按压 F3 键【空气制动】进入下一级菜单——按压 F3 键【更多】进入下一级操作界面——按压 F3 键【ER 500 kPa/ER 600 kPa】选择需要的定压模式。

(3)按压 F7 键【补风/中立】选择补风/不补风/中立。

(4)按压 F8 键返回,然后按压 F1 键确认。

57. HXD3C 型电力机车主变流器 CI 故障的处理方法是什么?

答:跳主断路器,“主断分”指示灯亮,微机屏故障栏显示相应的主变流器故障。

(1)调速手柄回“0”位,查看微机屏故障履历,如主变流器故障信息中有次边过流故障,则必须将该主变流器通过微机屏隔离后,方可再次合主断路器。

(2)按“复位”按钮,再合主断路器恢复运行。

(3)如主断路器合不上或提手柄就跳主断路器,则切除故障的主变流器,维持运行。

58. HXD3C 型电力机车 TCMS 微机显示屏显示“主接地”或“牵引电机”故障的处理方法是什么?

答:跳主断路器,“主断分”指示灯亮,微机屏显示“主接地”或“牵引电机”故障,TCMS 故障栏显示具体故障信息。

(1)调速手柄回“0”位,按“复位”按钮,再合主断路器恢复运行。

(2)主断路器如合不上或提手柄就跳主断路器,则切除对应故障位的主变流器维持运行。

(3)按照 TCMS 故障栏显示具体故障信息,甩掉故障电机。

59. 受电弓如何进行压力特性的调整?

答:压力特性是受电弓调整的一项重要内容。

调整方法:

(1)通过调整升弓弹簧的拉伸长度来调整压力大小。

(2)压力偏小应增加升弓弹簧拉伸的拉伸长度,压力偏大时应减小升弓弹簧拉伸长度。

(3)不同工作高度的压力值是通过调节扇形板上相应的调节螺钉的高度进行。

(4)压力偏大,应调低相应的调整螺钉;压力偏小,应调高相应调节螺钉。

(5)调节升弓弹簧拉伸长度是粗调,调节扇形板螺钉高度是细调。

60. 牵引电机属于电气方面的常见故障有哪些?

答:(1)电枢绕组匝间短路或接地;

(2)换向器表面有规律或无规律地发黑或有灼痕;

(3)电枢绕组匝间击穿;

(4)换向器表面与电刷间过量磨耗;

(5)刷握及其连接线接地。

61. HXD3C 型电力机车 TCMS 故障栏显示辅助变流器故障的处理方法是什么?

答:(1)两台辅变流器均不工作

①调速手柄回"0"位,按司机台"复位"按钮进行复位操作后,重合主断路器如故障消除则继续运行。②检查控制电器柜"辅变流器"自动开关 QA47 是否跳开,断合几次防止假跳。③仍不能工作则断蓄电池进行微机复位。

(2)某一组辅助变流器故障

①某一组辅助变流器故障后微机控制系统自动切除故障、转换,进入微机屏机器状态下"开关状态"画面第二页,确认 KM20 闭合(KM20 底色变为绿色),则不做处理,继续维持运行。②如微机不能自动切换,则在断开主断路器的情况下,通过微机屏切除故障辅变流器后,再合主断路器使另一组辅变流器启动。③如仍不能切换,则在电器柜断合几次辅助变流器自动开关 QA47,再合主断路器。④仍不能工作则断蓄电池进行微机复位。

62. SS4G 型电力机车"电空"位故障改用"空气"位操纵的转换方法是什么?

答:(1)将操纵节空气制动阀上的"电—空"转换钮置"空气"位。

(2)将操纵节空气制动屏上的"电—空"转换阀 153 置"空气"位,并断开自动开关 615QA。

(3)将操纵节空气制动阀手柄移至"缓解"位。

(4)将操纵节空气制动阀的调压阀 53 调整至规定压力。

(5)如非操纵节转"空气"位或处于"电空"位无电空控制电源,应将非操纵节的中继阀座下方的制动管塞门 115 关闭。

63. 新 HXD2 型电力机车制动系统重联模式设置方法是什么?

答:(1)仅连接列车管的重联模式操作步骤

两台机车之间只连接列车管,从控机车设置:将两端司机室的自动制动阀(大闸)手柄均置于"运转"位,然后将两节机车制动柜上的重联控制阀 RB-UM-MV 均切换至"从控"位,再将两节机车制动柜上的重联控制转换阀 RB-EQ 均切换至"主控"位。

(2)连接平均管的重联模式操作步骤

连接两台机车间的总风管、列车管、平均管以及重联线,从控机车设置:将两端司机室的自动制动阀(大闸)手柄均置于"运转"位,然后将两节机车制动柜上的重联控制阀 RB-UM-MV 均切换至"从控"位,再将两节机车制动柜上的重联控制转换阀 RB-EQ 均切换至"从控"位。

64. 新 HXD2 型电力机车无动力回送设置方法及注意事项是什么?

答:(1)设置无动力回送模式时,先将列车管减压 100 kPa 以上,关闭机车与车辆之间的列车管折角塞门,确保列车制动,然后按如下操作步骤对机车进行设置。

①将两端司机室的自动制动阀(大闸)、单独制动阀(小闸)手柄置于"全制"位,然后按下任意一节微机柜上的蓄电池切除按钮(BP-CBA),断开两节微机柜上蓄电池脱扣开关 DZ(DJ-BA),等待列车管排风完毕。

②将两节机车制动柜上的无动力、有动力塞门(RB-MV&RB-UM-MV)均切换至“从控”位。

③将两节机车制动柜上的平均管重联塞门 RB-EQ 均切换至“主控”位。

④将两节机车制动柜上的停放制动塞门 RB(IS)FS 切换至“隔离”位,等待 30 s 后停放风缸内压力排空。

⑤本务机车挂车后,连接列车管并开放列车管折角塞门,通过本务机车将列车管压力缓解到定压,确认各停放制动指示器为红色,常用制动指示器为绿色。

⑥手动缓解车下各轴的停放制动:将所有手动缓解手柄拉出到最大位置保持 3 s 以上松开,以保证停放缸内部的机械机构有足够的时间复位,实现停放制动的完全缓解,操作完成后,需确认闸瓦完全离开车轮。

(2)注意事项:

①务必严格按照上述操作顺序进行设置,不得颠倒。

②无动力回送操作完毕后,不得随意再闭合蓄电池开关或转换停放制动隔离塞门,如必须进行时,则需按上述步骤重新操作一遍。

③无动力回送操作完毕后,确认与本务机车的制动、缓解状态一致(无动力机车的制动缸压力低于本务机车的制动缸压力为正常现象)。

④全部操作完毕后,勿忘将机车与列车间的折角塞门开通。

65. HXD3C 型电力机车低压试验前的准备工作有哪些?

答:(1)确认车顶门、控制电器柜柜门锁闭良好,高压接地开关在“运行”位(一把黄色钥匙插入);蓝色钥匙插入制动控制柜锁孔,开通受电弓风路(蓝色钥匙呈垂直状态)。

(2)确认各风路塞门在正常工作位置:

制动柜上:总风塞门 A24、主断路器塞门 U43.14、弹停塞门 B40.06、撒砂塞门 F41.02、制动缸塞门 Z10.22、Z10.23 在“开放”位;

制动柜后:升弓风缸隔离塞门、Ⅱ端受电弓塞门 U98“开放”位,升弓风缸排水塞门 U88、弹停风缸排水塞门 A14“关闭”位。

微机柜上:受电弓Ⅰ、Ⅱ高压隔离开关塞门 U95 均在“运行”位。

微机柜后:Ⅰ端受电弓塞门 U98 在“开放”位。

总风缸间:总风缸遮断塞门 A10 在“开放”位、总风缸排水塞门 A12 在“关闭”位。

(3)确认总风缸风压不低于 750 kPa;机车控制电路电压不低于 96 V。

(4)确认控制电器柜上的自动开关位置正确。

(5)实施弹停制动。

(6)司机室各控制器在“0”位,打开机械室门。

66. 列车在区间内发生车钩分离时的处理方法是什么?

答:列车在区间内发生车钩分离被迫停车时,司机应立即报告两端站(列车调度员),并亲自或指派胜任人员检查分离处所、车钩破损等情况，在得到车辆状态的汇报后，再次向两端站（列车调度员）报告列车分离情况、停车位置等事项。

列车发生分离后的后部车辆的防溜、防护按分部运行有关规定执行。

列车在区间运行中发生分离，应确认分离车辆的车钩状态，符合连挂条件时，应与分离车辆连挂妥当并进行自动制动机简略试验后，继续运行至前方站停车处理。

列车在区间分离后，遇下列情况，本列不准再行连挂，必须请求救援：

（1）车辆连接装置严重破损，不能连挂时。

（2）分离后的车辆（车列）停留在坡度超过 6‰的线路上，需向下坡道方向挂车时。

67. 机车直供电旅客列车发生机车故障时的处置规定是什么？

答：（1）在列车始发站或机车换挂站，直供电机车发生故障时应更换直供电机车牵引。

（2）直供电机车途中发生故障时，司机应及时报告车站值班员（列车调度员），报告内容应包括故障现象、能否向列车供电、能否随本列附挂运行等情况，不能向列车供电时，司机还应通知车辆乘务员。

运行途中直供电机车发生故障，但仍能向列车供电并可附挂运行时，由列车调度员安排就近机车挂于故障机车前部担任牵引任务。故障机车不能附挂运行时，救援前应保持向列车供电，列车调度员应安排就近机车进行救援，在前方站换挂直供电机车。

运行途中直供电机车发生供电系统故障不能向列车供电时，列车调度员在合适地点安排更换直供电机车进行救援。

68. DK-1 型电空制动机“电空”位操作前的准备工作有哪些？

答：（1）检查控制电源柜上的电空制动自动开关 615QA 闭合，重联转换开关 675SB 在“正常”位。

（2）转换阀 154 在制动管定压 500 kPa 打向“货车”位；在制动管定压 600 kPa 打向“客车”位。

（3）153 转换阀处于“电空”位。

（4）开关板 502 上的 3 个钮子开关 463QS 朝下置于补风“切除”位（目前尚未适应补风的车辆制动机），464QS 朝下置于自动停车装置“运行”位，465QS 根据运用区段的不同线路和各段另有规定时，可分别朝上置于电空联锁“切除”位，朝下置于电空联锁“运行”位。

（5）调压阀 5 调整其输出压力为制动管定压。

（6）机车上与制动机系统有关塞门（除无动力塞门 155 和分配阀缓解塞门 156 关闭外）均应开通。

（7）两节车空气制动阀上的电空转换键置“电空”位。非操纵节电空制动控制器手柄在“重联”位取出，空气制动阀手柄由“运转”位取出，分别置于操纵节电空制动控制器，空气制动阀相应的位置中。

（8）空气制动阀下方调压阀 53 调整压力为 300 kPa。

(9)完成上述各项准备工作并对制动机进行规定的机能试验后,即可用“电空”位操作。

69. DK-1 型制动机“空气”位操纵时,空气制动阀“缓解”位,均衡风缸不充风的原因是什么?如何处理?

答:(1)不充风原因

①空气制动阀上的电空转换键转换不到位;

②隔离二极管 264 V 击穿;

③制动电空阀 257YV 故障。

(2)处理方法

①扳动电空转换键往复转换数次,确认位置正常即可操作;

②检查重联电空阀 259YV,如得电可断开 821 线～800 线维持运行;

③153 转换塞门未转至“空气”位,将 153 塞门扳至“空气”位,消除 257YV 对风路的影响。

70. DK-2 型制动机停车制动不缓解的检查处理方法是什么?

答:按压司机台弹停装置缓解按钮,两节车均无法缓解时,首先按压一次弹停装置施加按钮,然后再按压司机台弹停装置缓解按钮进行缓解,如全车能缓解,继续运行;如全车不能缓解,按压制动柜上弹停手动缓解柱塞,如能缓解,维持运用;如不能缓解,则关闭制动柜弹停塞门,并手动缓解每根轴的弹停装置。

(1)弹停手动缓解柱塞为绿色,须按下柱塞缓解。

(2)弹停塞门 177 竖直为“开通”位,水平为“关闭”位。

(3)必须将所有停放制动缸缓解拉环全部拉出到位,确认闸片与制动盘有缓解间隙。

71. 万吨列车操纵的基本原则有哪些?

答:(1)机车牵引总重在 8 000 t 及以上、空车量数在 80 辆及以上时,方可选用 LKJ 万吨模式控制程序。

(2)遵守列车运行图规定的运行时刻和各项允许及限制速度,根据信号显示要求操纵列车。百辆空车操纵比照万吨列车相关规定执行。

(3)使用空气制动调速时,初次减压量控制在 50 kPa,列车缓解速度不得低于 30 km/h。万吨列车在不危及本列行车安全的情况下,不得使用紧急制动停车。

(4)给退牵引(动力制动)力应平缓,防止手柄位置快速变化,列车产生冲动。机车工况转换时,必须保持一定时间间隔,以保证信号可靠的传输和列车平稳运行。

(5)空电联合制动应根据线路纵断面、信号、限速等运行条件,合理调节动力制动力。牵引重车时总动力制动力不超 400 kN,牵引空车时总动力制动力不超 200 kN。

(6)上坡道机车制动力无法控制列车起车时,应先给流至一定级位(牵引力)防止缓解后溜,再缓解列车制动。司机确认尾部风压上升,在不空转、不过载的情况下逐步提高牵引力,尽量避免手柄提的过慢或手柄级位过低,确保列车平稳起动。

(7)空气制动调速,不具备缓解条件时可停车缓解,正常情况下应避免大减压量。长大下坡道区段通过信号显示绿黄灯时不得盲目缓解,防止红灯停车充风不足。

72. 列车运行中防止列车断钩的措施有哪些?

答:(1)运行途中制动调速,严禁未排完风施行缓解,列车未完全缓解就加速。

(2)使用自动制动阀紧急制动或列车发生紧急制动时,应迅速将自动制动阀手柄推向"制动"位(或"保压"位),并解除机车牵引力。列车未停稳前不得充风缓解。

(3)货物列车惰力运行后,再加速不得过快,避免车钩拉伸过猛。

(4)尽量避免在起伏坡道施行制动调速。列车通过起伏坡道变坡点时,应适当调节机车功率,以缓和因坡度变化引起车钩拉力较大变化。

(5)电—空联合制动时,应先使用动力制动,后使用空气制动;缓解列车制动时,应先缓解空气制动,后断开动力制动。制动励磁电流的升、降要平稳,并不超过额定值。

(6)货物列车要避免低速施行紧急制动和低速(15 km/h 以下)缓解列车制动。长大下坡道区段因受制动周期等因素限制,最低缓解速度不应低于 10 km/h;重载货物列车速度在 30 km/h 以下时不应缓解列车制动。

73. 空气制动阀制动时非操纵节机车(或重联机车)制动缸压力不上升,且与操纵节机车制动缸压力不符的原因及处理方法是什么?

答:(1)非操纵节机车(或重联机车)93 重联转换阀位置不对,应打"补机"位。

(2)操纵节机车或非操纵节机车,重联机车重联阀总风联管塞门 160 未打开,开放 160 塞门。

(3)制动平均管塞门未开通,打开制动平均管塞门。

(4)操纵节机车 93 重联转换阀遮断阀活塞上下窜风,且阀体上排气孔排风不止,更换遮断阀活塞膜板。

(5)非操纵节机车(或重联机车)93 重联转换阀的重联阀活塞上下窜风,且重联阀上盖排气口排风不止。拆检非操纵节机车(或重联机车)重联转换阀,更换重联阀活塞杆上 O 形圈。

74. 非操纵节机车(或重联机车)中继阀排风不止或电空制动控制器常用紧急制动管降不到规定压力,且操纵节中继阀排风不止的原因及处理方法是什么?

答:(1)非操纵节机车(或重联机车)处于"空气"位,但中继阀制动管塞门 115 未关闭。恢复"电空"位,或关闭 115 塞门。

(2)非操纵节机车(或重联机车)处于"电空"位,但电空制动电源自动开关 615QA 断开,闭合 615QA。

(3)非操纵节机车(或重联机车)中继阀排气阀被污物垫住,阀口漏风。拆检中继阀,运行中可关闭塞门 115 维持运行。

(4)重联电空阀 259YV 线圈断线、卡位或控制导线断。更换重联电空阀 259YV 或检查控制导线，运行中可关闭115塞门。

75. 机车车钩的技术要求有哪些？

答：机车段修时，车钩组装后应达到下列要求：

(1)车钩开、闭状态良好，作用灵活。

(2)测量车钩的开度(从最小处测量)："满开"位为220～245 mm；"锁闭"位为110～127 mm。

(3)车钩"锁闭"位时，钩舌在推拉状态下，钩舌销能取出和安装。

(4)车钩高度应为815～890 mm。

(5)钩舌与钩锁铁侧面间隙不大于6.5 mm。

(6)钩锁铁与钩舌接触面须平直，其高度不少于40 mm。

(7)钩体防跳台和连接杆或钩锁铁的作用须良好。

(8)钩舌与钩体的下承力面应接触良好。

(9)车钩在"锁闭"位，钩锁铁向上的活动量为5～22 mm。

(10)钩舌销与钩耳间隙不得大于1 mm。

(11)钩舌内侧与钩锁铁接触面磨耗不得大于7 mm。

(12)钩尾销与销孔的间隙不得大于1.5 mm，套与销子的椭圆度不得大于1 mm。

(13)钩体下磨耗板磨耗量不得大于1 mm。检查钩尾框的磨耗状态。

76. 电力机车无动力回送时，应如何进行整备作业？

答：(1)全部拔掉牵引电机的电刷。

(2)拆除动轴轴箱测速发电机的机械连接。

(3)按不同类型机车制动机的无动力回送要求，切断制动阀与列车制动主管的通路，开放无动力装置塞门。

(4)制动缸活塞行程调整到标准的最大值。

(5)分配阀，安全阀调整至150～200 kPa。

(6)无动力托运机车应由司机随车回送，并备有信号器具、必要的油脂和工具。

(7)在填写"回送机车请求书"的限制速度及理由时，如不要求限速或能满足回送全程列车运行速度要求时，应填写"不限"字样。

77. 机车检修修程是如何规定的？

答：机车检修分为大修、中修、小修、辅修四级，其中中修、小修、辅修为段修修程。

(1)大修：机车全面检查修理，恢复机车的基本质量状态。

(2)中修：机车主要部件检查修理，恢复其可靠使用的质量状态。

(3)小修：机车关键部件是易损易耗零部件检查修理，有针对性地恢复机车运行可靠性。有诊断技术条件者，可按其状态进行修理。

(4)辅修:机车例行检查,做故障诊断,按状态修理。

78. 回送机车在途中发生故障需要修理时,机车乘务员应如何处理?

答:(1)回送机车在途中发生故障需要修理时,机车乘务员应及时向所在地分局行调、机调和邻近机务段机调报告。

(2)机务段应认真进行检查修理,修理费用凭回送机车乘务员签认的修理项目清单由两段或厂段间进行清算。

(3)修复确有困难的,所在机务段(折返段)应及时向分局机调汇报。

(4)回送机车乘务员与机车厂或所属机务段取得联系,协商解决办法。

79. 列车操纵示意图的编制内容和要求是什么?

答:列车操纵示意图应能起到推广先进操纵经验的作用。司机按照列车操纵示意图进行操纵,就能做到充分发挥机车牵引力和列车动能,合理、正确地使用制动装置,确保按图行车,安全正点,平稳操纵,优质服务,高效低耗地完成运输生产任务。

列车操纵示意图应包括以下内容:

(1)列车运行速度曲线;

(2)列车运行时分曲线;

(3)线路纵断面和信号机位置;

(4)站、场平面示意图;

(5)提、回主手柄地点;

(6)动力制动的使用和退回地点;

(7)空气制动减压和缓解地点;

(8)区间限制速度及区段内各车站道岔的限制速度;

(9)机械间、走廊巡视时机;

(10)各区间的运行注意事项。

80. 当列车临时停于无电区的处理方法是什么?

答:当列车因故临时停于进站信号机外分相绝缘器等无电区时,可按以下处理方法:

(1)如果机车升起前弓能接通电源时,应降下后弓,确认具备运行条件后,继续运行。机车接通电源后,如需后退才能闯过无电区时,应按列车退行的有关规定办理,但无守列车严禁退行。

(2)机车停于无电区内不能移动时,应报请调度员封锁区间,按救援办理。如接触网导线无电的线段较长,并由电力机车担当救援时,应推送等于或大于无电区段长度的车辆,作为进入无电区的隔离车,才能连挂停于无电区内的列车。

81. 两位置开关不转换的处理方法是什么?

答:(1)确认调速手轮回到“0”位,“零位”灯亮。

(2)确认141、142塞门开放,51调压阀压力达到500 kPa。

(3)先将换向手柄置所需位置。

(4)人工扳动转换。

注意事项:①换向鼓只允许在停车状态下进行转换。②牵～制鼓置“牵引”位,停止使用电阻制动。

82. 运行中空转保护动作的处理方法是什么?

答:(1)牵引电机电流较大,黏着不良发生空转,应适当减载,加大撒砂量,机车起动时,为防止空转,可将电子柜A/B组开关置B组。

(2)空转保护误动作,将电子柜A/B组开关置B组(要注意机车空转)。

(3)若B组故障,将电子柜开关置A组,并将电子柜防空转插件开关扳至“故障”位。

83. 主电路接地故障的处理方法是什么?

答:(1)电阻制动接地时,停用电阻制动。

(2)逐各断开牵引电机隔离开关,找出有接地故障的牵引电机,并将其切除。

(3)降受电弓,取出电钥匙,检查各高压电器柜无异状,分别将两个高压柜内的主接地隔离开关(95QS、96QS)置“故障”位。

(4)进行LCU1、LCU2柜A/B组转换。

84. SS_{4G}型电力机车制动风机故障时的处理方法是什么?

答:(1)制动风机不能启动时的处理

①断合几次制动风机开关,消除不良接点。

②途中停用电阻制动。

(2)切除故障的牵引风机

制动风机故障时,检查制动风机接触器主触头有无烧损、焊接,如接触器触头焊接,则将触头撬开后装好灭弧罩或将接触器接线拆下后进行包扎绝缘处理。将相应的“制动风机故障”开关置“故障”位。

85. 运行中发生自动降弓故障时的处理方法是什么?

答:如果运行中自动降弓,并伴有语音提示“快速降弓动作”,应立即停车,从机车两侧检查受电弓状态。

(1)若发生刮弓故障,立即停车,记录刮弓地点,请求停电。接到停电的调度命令后,确认接触网停电,挂好接地线后,上车顶检查。

(2)将故障的受电弓捆绑牢固,并拆除该受电弓的导电杆。

(3)将故章节机车的“受电弓故障”开关置“故障”位。

86. SS4G 型电力机车压缩机系统故障的处理方法是什么？

答：(1)压缩机不泵风，使用强泵按钮打风，注意总风风压不得高于 1 000 kPa。

(2)检查确认 203KM，不吸合时将故障节车的 LCU 转至另一组。

(3)203KM 吸合，仍不启动，检查恢复 217QA，注意防触电。

(4)217QA 闭合不上或压缩机仍不能正常运转，确认 203KM 无焊接，将 579QS 置“故障”位，用一台压缩机维持运行，注意空电配合严格控制速度。

(5)干燥系统故障时，开放塞门 3，关闭“电控”位开关和塞门 4，其他塞门均在“开放”位，注意停车时及时手动开放塞门 4 排除积水。

87. 电空制动控制器手柄置“运转”位，均衡风缸、制动管都不充风的检查处理方法是什么？

答：(1)如 153 塞门背后排风为手柄在“空气”位，将其转换到“电空”位即可。

(2)如 153 塞门正常时，检查空气制动阀上的电空转换扳键，如不在“电空”位，将其扳到“电空”位。

(3)检查 615QA、675SB 均正常时，将 464QS 自动停车扳钮置“切除”位，能充风时维持运行，注意制动管压力自动下降时，应将电空制动控制器手柄移至“中立”位，牵引运行时应立即人工断开主断路器；仍不充风时，一次检查空气制动阀接线盒接线及 258YV 接线。

(4)查不出原因或条件不允许时，转“空气”位操纵。

88. 电空制动控制器手柄置“运转”位，均衡风缸充风正常，制动管不充风的检查处理方法是什么？

答：(1)确认中继阀制动管塞门开放后，检查中立电空阀 253YV，手按其阀杆能动作，松开后有排风声时为正常；如其在闭合位或松开后无排风声，可将 253YV 的阀杆拔起或将 253YV 拆下使用“空气”位操作。

(2)如“空气”位操作，制动管仍不充风，一般属于中继阀故障，可用手锤轻击振动中继阀和总风遮断阀，还不充风，应拆检中继阀和总风遮断阀。

89. 常用制动电空阀 CZDF-3 故障时的处理方法是什么？

答：(1)判断

监控记录装置发出常用制动指令，列车实施常用制动时，均衡风缸排风正常，当缓解列车制动时，均衡风缸不充风时为常用制动电空阀 CZDF-3 在“作用”位卡住，使总风缸管与自动制动阀总风管的连通被遮断，自阀调整阀因无总风压力空气，不能向均衡风缸供风。

(2)处理方法

将电空阀 CZDF-3 上的故障旋钮向“故障”位方向转动，使常闭故障阀呈“开放”位置，将在作用位卡住的电空阀 CZDF-3 遮断的管路旁通后，均衡风缸充风正常。

(3)注意事项

上述处理后，当监控记录装置发出常用制动指令时，必须立即将自动制动阀手柄由“运转”

位移到“制动”位，否则会造成均衡风缸排风的同时，自动制动阀调整阀又向均衡风缸充风，影响常用制动作用。

90. 紧急制动电空阀 CZDF-8 故障时的处理方法是什么？

答：(1)判断

监控记录装置发出紧急制动指令，列车实施紧急制动停车后，缓解列车制动时，列车管不充风，列车制动不能缓解时为紧急制动电空阀 CZDF-8 在“作用”位卡住，使总风遮断阀不能开放，列车管不能充风。

(2)处理

将紧急制动电空阀 CZDF-8 上的常闭故障阀(B1)向“故障”位方向转动，将自动制动阀侧的总风遮断管(管 8)与总风遮断阀的 8 号管连通；同时将常开故障阀(B2)也向“故障”位方向转动，将总风缸管与总风遮断阀的 8 号管的通路遮断，使总风遮断阀呈“开放”位后，向列车管充风。

(3)注意事项

处理后，当监控记录装置发出紧急制动指令实施紧急制动时，应立即将自动制动阀手柄置“制动”位，确保列车的紧急制动作用。

91. 两台机车重联时对制动机的处理方法是什么？

答：(1)不联重联线机车作为补机运行时

①将操纵节电空制动控制器手柄由“重联”位取出，空气制动阀手柄置“运转”位。

②开放操纵节分配阀缓解塞门 156 号。

③将重联阀 93 的“本/补转换阀”转换手柄操纵节置“本机”位，非操纵节置“补机”位。

④如无电空制动电源，还应将中继阀座下方的制动管塞门 115 号关闭。

(2)双机重联连接重联线时

①两台机车连挂好后，分别将两台车间的制动主管、总风缸管、两根平均管连接好，并开放折角塞门。

②重联阀 93 的“本/补转换阀”转换手柄的处理：

本务机车：操纵节置“本机”位，非操纵节置“补机”位。

重联机车：两节车均置于“补机”位。

③电空制动控制器(大闸)和空气制动阀(小闸)手柄位置：

本务机车：非操纵节电空制动控制器手柄由“重联”位取出，空气制动阀手柄由“运转”位取出。

重联机车，将两节车的电空制动控制器手柄由“重联”位取出，空气制动阀手柄由“运转”位取出。

④进行空气制动机机能试验，确认各部作用正常后方可进行重联。

92. 车钩钩头的解体、检查及安装程序有哪些?

答:(1)使用工具

手锤、小撬棍、钢尺、丁字尺、开口销。

(2)工作程序

①机车进行制动。

②提钩后,用手锤和小撬棍将钩舌销的开口销取下。

③取出钩舌销,卸下钩舌,检查钩舌销有无裂纹,钩舌有无磨损。

④取出钩舌锁铁及钩舌推铁,检查其有无磨损及裂纹。

⑤清扫钩头内部,检查防跳装置是否良好。必要时对各部件进行探伤。

⑥对符合要求的部件,按顺序组装好后,进行试验,开关应灵活。

(3)主要技术要求

①车钩的开度(在最小处测量):在“闭锁”位时,其开度为 110～130 mm;在“开启”位时,其开度为 220～250 mm。

②车钩中心距轨面高度:中修时为 845～880 mm,运用机车为 815～890 mm。

③两个车钩连挂后,其两个车钩的中心线相差不得超过 75 mm。

④车钩在“闭锁”位时,钩舌锁铁往上的活动量为 5～15 mm。

⑤钩舌销与销孔径向间隙为 1～4 mm。

93. SS_{4G} 型电力机车“电空”位故障改用“空气”位操纵的注意事项是什么?

答:(1)需单独缓解机车制动时,应下压空气制动阀的手柄。

(2)需要施行紧急制动时,可按下紧急制动按钮或迅速打开手动放风阀,并将空气制动阀的手柄推向“制动”位。

(3)“空气”位操纵时,没有加速充气作用,应适当降低缓解速。

(4)“空气”位操纵时,制动管若有泄漏会得到“补风”而发生自然缓解,应密切注意速度变化及进行追加减压。

(5)单机运行动车前,必须确认均衡风缸及制动管已充风至规定压力。缓解时,应将单独制动阀手柄放在“缓解”位缓解机车制动。

94. 新 HXD_2 型电力机车无动力回送设置方法是什么?

答:设置无动力回送模式时,先将列车管减压 100 kPa 以上,关闭机车与车辆之间的列车管折角塞门,确保列车制动,然后按如下操作步骤对机车进行设置:

(1)将两端司机室的自动制动阀(大闸)、单独制动阀(小闸)手柄置于“全制”位,然后按下任意一节微机柜上的蓄电池切除按钮(BP-CBA),断开两节微机柜上蓄电池脱扣开关 DZ(DJ-BA),等待列车管排风完毕。

(2)将两节机车制动柜上的无动力、有动力塞门(RB-MV&RB-UM-MV)均切换至“从控”位。

(3)将两节机车制动柜上的平均管重联塞门RB-EQ均切换至“主控”位。

(4)将两节机车制动柜上的停放制动塞门RB(IS)FS切换至“隔离”位,等待30 s后停放风缸内压力排空。

(5)本务机车挂车后,连接列车管并开放列车管折角塞门,通过本务机车将列车管压力缓解到定压,确认各停放制动指示器为红色,常用制动指示器为绿色。

(6)手动缓解车下各轴的停放制动:将所有手动缓解手柄拉出到最大位置保持3 s以上松开,以保证停放缸内部的机械机构有足够的时间复位,实现停放制动的完全缓解,操作完成后,需确认闸瓦完全离开车轮。

注意:①务必严格按照上述操作顺序进行设置,不得颠倒。

②无动力回送操作完毕后,不得随意再闭合蓄电池开关或转换停放制动隔离塞门,如必须进行时,则需按上述步骤重新操作一遍。

③无动力回送操作完毕后,确认与本务机车的制动、缓解状态一致(无动力机车的制动缸压力低于本务机车的制动缸压力为正常现象)。

④全部操作完毕后,勿忘将机车与列车间的折角塞门开通。

95. CAB-A型制动机整备试验程序是什么?

答:(1)自动制动阀(大闸)“紧急”位——“重联”位——“运转”位

①总风压力为750~900 kPa,制动缸压力为0,均衡风缸压力为(600±10)kPa,列车管压力为(600±10)kPa;

②自动制动阀手柄置“紧急”位,列车管压力降至0,均衡风缸压力降至0,制动缸压力为(450±20)kPa,紧急制动倒计时60 s开始;

③60 s倒计时结束后,操作自动制动手柄置“重联”位,列车管、均衡风缸、制动缸压力均不变;

④自动制动手柄置“运转”位,均衡风缸、列车管压力上升至(600±10)kPa,制动缸压力降至0;

⑤等60 s使系统各风缸充满风;

(2)自动制动阀(大闸)“全制”位——“抑制”位——“运转”位

①自动制动阀手柄置“全制”位,均衡风缸、列车管压力下降到(420±10)kPa,制动缸为(420±15)kPa;

②自动制动阀手柄置“抑制”位,各压力无变化;

③自动制动阀手柄置“运转”位,均衡风缸、列车管压力上升至(600±10)kPa,制动缸压力降至0;

(3)单独制动阀(小闸)阶段制动——阶段缓解——“全制”位——“运转”位

①操作单独制动阀手柄进行不小于5次的阶段制动,制动缸压力阶段上升,单独制动阀手柄置“全制动”位时,制动缸压力为(300±10)kPa;

②操作单独制动阀手柄进行不小于5次阶段缓解,制动缸压力阶段下降,单独制动阀手柄

置“运转”位时，制动缸压力阀降至 0；

③单独制动阀手柄置“全制”位，制动缸压力上升至(300±10)kPa；

④单独制动阀手柄置“运转”位，制动缸压力降至 0。

96. SS4G 型电力机车前部检查程序是什么？

答：(1) Ⅰ端前部及排障器左侧

①头灯、近光灯、标志灯外观完好。

②前窗玻璃、刮雨器、路徽及机车标志完好，刮雨器胶皮与前窗玻璃接触面不少于 80%。

③排障器无变形，距轨面应为 80～110 mm，各安装螺栓无松动。

④脚踏板无变形。

(2)车钩

①车钩提杆无变形，提钩时能自动开放无卡劲，钩舌全开位 220～250 mm。

②车钩摆动灵活，钩体各部分无裂纹，油润良好。

③钩舌销无折损，开口销完好，油润良好。

④钩舌各部无裂纹，防跳台应为 90°，钩舌与锁铁磨擦部油润良好。

⑤钩舌锁闭作用良好，闭锁位 110～130 mm。

⑥下锁销无裂纹，油润良好。

⑦车钩中心线距轨面垂直高度 815～890 mm。

(3)制动软管

①折角塞门状态良好，卡子无松动，各部无泄漏。

②防尘堵及安全链齐全、完整。

③连接器无缺陷，胶圈无老化丢失，口面与地面垂直。

④制动软管卡箍牢固，卡耳间隙为 2 mm。

⑤软管无松动、老化、龟裂，水压试验日期不超过 3 个月。

⑥制动软管与机车中心线夹角为 45°。

(4)总风联管

①折角塞门状态良好，卡子无松动，各部无泄漏。

②防尘堵及安全链齐全、完整。

③连接器无缺陷，胶圈无老化丢失，口面与地面垂直。

④制动软管卡箍牢固，卡耳间隙为 2 mm。

⑤软管无松动、老化、龟裂，水压试验日期不超过 3 个月。

⑥制动软管与机车中心线夹角为 45°。

(5)平均管

软管无裂纹，截止塞门位置正确，卡子无松动。

(6)重联插座

重联插座完好牢固无烧损现象，插座盖完好，关闭严密。

97. DK-1 型制动机空气制动阀制动时，非操纵节机车（或重联机车）制动缸压力不上升，且与操纵节机车制动缸压力不符的原因及处理方法是什么？

答：(1)非操纵节机车(或重联机车)93 重联转换阀位置不对，应打“补机”位。

(2)操纵节机车或非操纵节机车，重联机车重联阀总风联管塞门 160 未打开，开放 160 塞门。

(3)制动平均管塞门未开通，打开制动平均管塞门。

(4)操纵节机车 93 重联转换阀遮断阀活塞上下窜风，且阀体上排气孔排风不止，更换遮断阀活塞膜板。

(5)非操纵节机车(或重联机车)93 重联转换阀的重联阀活塞上下窜风，且重联阀上盖排气口排风不止。拆检非操纵节机车(或重联机车)重联转换阀，更换重联阀活塞杆上 O 形圈。

98. SS_{4G} 型电力机车如何进行低压电气试验？

答：(1)试验前的准备工作

①确认车顶无人后锁闭车顶门。

②各管路塞门在正常位置，总风缸压力不低于 700 kPa，机车制动缸压力 300 kPa。

③各闸刀和自动开关均在正常工作位，控制电压不小于 92.5 V。

④将零压保护隔离开关 236QS，牵引风速故障隔离开关 573QS、574QS 及制动风速故障隔离开关 589QS、590QS 置“故障”位，其他各故障隔离开关在正常工作位。

⑤电子柜转换开关置“A”位。

⑥自起劈相机隔离开关置“手动”位，司机控制器手柄置“0”位，辅助司机控制器置“取出”位。

(2)试验顺序及要求

①电源钥匙试验

a. 闭合电钥匙开关 570QS。

i. 门联锁保护阀 287YV 吸合，门联锁动作；558KA、568KA、563KA、569KA 及 539KT、528KT 吸合。

看：“零位”灯亮。

ii. 断开电钥匙开关 570QS。

门联锁保护阀 287YV 释放，558KA、568KA、563KA、569KA 及 539KT、528KT 释放。

看：“零位”灯灭。

b. 闭合电钥匙开关 570QS(反复合断 2～3 次后正常，再合上 570QS)。

②扳钮试验

a. 主断路器试验。

i. 合“主断合”按键(401SK)。

听：主断路器闭合声，恢复中间继电器 562KA 吸合声。

看：“零压”灯灭后又亮。

听:539KT 时间继电器释放声和 562KA 继电器释放声。

看:“主断”灯灭。

ii. 合“主断断”按键(400SK)。

听:主断路器断开声。

看:“主断”灯亮。

iii. 再合“主断合”按键(401SK)。

听:主断路器闭合声,恢复中间继电器 562KA 吸合声。

看:“零压”灯灭后又亮。

听:539KT 时间继电器释放声和 562KA 继电器释放声。

看:“主断”灯灭,(反复合断 2～3 次正常后合上主断路器)。

b. 劈相机试验。

i. 合“劈相机”按键(404SK)。

听:劈相机中间继电器 567KA 吸合后,劈相机启动电阻接触器 213KM 和劈相机接触器 201KM 吸合,同时,时间继电器 523KT、526KT、527KT、535KT、536KT 和压缩机放风电空阀 247YV 吸合。

看:“劈相机”灯亮。

ii. 人工闭合 283AK 劈相机启动继电器按钮。

听:566KA 劈相机启动中间继电器吸合后,527KT 延时 1 s 后释放,213KM 释放,延时 3 s 后,533KT 释放声。

看:“劈相机”灯灭。

c. 压缩机试验。

合“压缩机”按键(405SK)(总风缸压力小于 700 kPa 时按“压缩机”按键,总风缸压力大于 700 kPa 时按“强泵”按键 408SK)。

听:压缩机接触器 203KM 吸合声,延时 3 s 后,听时间继电器 523KT 和电空阀 247YV 释放声。

d. 各风机试验。

i. 合“通风机”按键开关(406SK)。

听:牵引风机 1 接触器 205KM 吸合声。

看:主操纵台“辅助回路”灯亮,副台“牵引风机 1”灯亮。

延时 3 s 后:

听:时间继电器 535KT 释放声和接触器 206KM 吸合声。

看:主操纵台“辅助回路”灯亮,副台“牵引风机 2”灯亮。

又延时 3 s 后:

听:时间继电器 536KT 释放声和接触器 211KM、212KM 吸合声。

看:主操纵台“辅助回路”灯亮,副台“油泵”灯亮。

ii. 合“制动风机”按键(407SK)。

听：接触器209KM吸合声。

看：主操纵台“辅助回路”灯亮，副台“制动风机1”灯亮。

延时3 s后：

听：时间继电器526KT释放声和接触器210KM吸合声。

看：主操纵台“辅助回路”灯亮，副台“制动风机2”灯亮。

e. 断开压缩机、通风机、制动风机按键开关，听各接触器释放声。

③电阻制动试验

将换向手柄置“制”位，107YVF、108YVF和107YVB、108YVB电空阀得电（前节车“前”位，后节车“后”位，牵～制鼓在“制”位），同时，牵引～制动转换中间继电器560KA、561KA及风速延时继电器530KT吸合。

a. 听：两位置转换开关转换声。

b. 将制动缸压力缓解到150 kPa以下，调速手轮离开“0”位：

听：线路接触器12KM、22KM、32KM、42KM吸合后，励磁接触器91KM、92KM吸合，然后556KA吸合。

看：“电制动”灯亮，“预备”灯灭。

c. 正常后，空气制动阀制动，制动缸压力300 kPa。

听：励磁接触器91KM、92KM吸合释放及556KA释放声。

看：“电制动”灯灭，“预备”灯亮。

正常后，将调速手柄拉回“0”位，听各线路接触器释放声。

④换向试验

a. 换向手柄置“前”位。

听：两位置转换开关转换声（牵～制鼓转“牵引”位）。

看：“预备”灯灭（560KA、561KA释放，530KT、556KA吸合）。

b. 换向手柄置“0”位。

听：两位置转换开关排风声。

看：“预备”灯亮。

c. 换向手柄置“后”位。

听：两位置转换开关转换声（前节车转“后”位，后节车转“前”位）。

看：“预备”灯灭。

正常后将573QS、574QS、589QS、590QS置“正常”位。

⑤牵引试验

a. 换向手柄置“前”位，“预备”灯灭。

调速手柄离开“0”位后置“1”级。

听：零位延时继电器558KA、568KA释放声和532KT吸合后，线路接触器12KM、22KM、32KM、42KM吸合声。

看：“零位”灯灭。

b. 牵引风机自起试验。

i. 调速手柄置“1.5”级以上。

听:205KM 吸合。

看:主操纵台“辅助回路”灯亮,副操纵台“牵引风机 1”灯亮。

延时 3 s 后:

听:206KM 吸合。

看:副操纵台“牵引风机 2”灯亮。

又延时 3 s 后:

听:211KM、212KM 吸合。

看:副操纵台“油泵”灯亮。

ii. 调速手柄置“1.5”级以上 25 s 后,低级位延时继电器。

听:525KT 动作。

看:“预备”灯亮。

正常后,闭合“通风机”(406SK)按键,再断开“通风机”(406SK)按键。

c. 磁场削弱试验。

调速手柄置“6”级以上。

i. 换向手柄置“Ⅰ”级削弱。

听:17YV、47YV 电空阀吸合,磁场削弱接触器 17KM、27KM、37KM、47KM 吸合声。

ii. 换向手柄置“Ⅱ”级削弱。

听:17YV、47YV 电空阀排风声、磁场削弱接触器 17KM、27KM、37KM、47KM 释放声;18YV、48YV 电空阀吸合,磁场削弱接触器 18KM、28KM、38KM、48KM 吸合声。

iii. 换向手柄置“Ⅲ”级削弱。

听:17YV、47YV 电空阀吸合,磁场削弱接触器 17KM、27KM、37KM、47KM 吸合声。

iv. 换向手柄由“Ⅲ”“Ⅱ”“Ⅰ”依次退回“前”位。

听:各磁场削弱接触器释放声。

⑥辅助司机控制器操纵试验

a. 将换向手柄放入辅助司机控制器“前”位,推向调速区。

听:两位置转换开关转换声。

看:“预备”“零位”灯灭。

b. 将换向手柄取出,放入辅助司机控制器“后”位,推向调速区。

听:两位置转换开关转换声。

看:“预备”“零位”灯灭。

c. 辅助司机控制器试验完后,将换向手柄取出,放入主司机控制器,置“前”位。

断开“劈相机”按键。

⑦保护试验

a. 接地保护。

i. 主接地

闭合主断路器，闭合主电路接地继电器 97KE、98KE，使 97KE、98KE 动作。

听：主断路器跳闸声。

看：司机操纵台“主断”“主接地”“零压”灯亮，副司机操纵台“主接地 1”或“主接地 2”灯亮。

ii. 辅接地

闭合主断路器，人工闭合辅助回路接地继电器 285KE，使 285KE 动作。

听：主断路器跳闸声。

看：司机操纵台“主断”“零压”“辅接回路”灯亮，副司机操纵台“辅接地”灯亮。

iii. 控制电路接地

闭合主断路器，人工使控制电路接地，控制电路接地继电器 554KA 动作。

听：616QA 接地自动开关跳开。

看：司机操纵台“控制电路接地”灯亮。

b. 过载保护。

i. 牵引过载

闭合主断路器，人工闭合牵引电机过流继电器 577KA 。

听：主断路器跳闸声。

看：司机操纵台“牵引电机”“主断”“零压”灯亮。

ii. 原边过流

闭合主断路器，人工闭合原边过流继电器 101KC 。

听：主断路器跳闸声。

看：司机操纵台“原边过流”“主断”“零压”灯亮。

iii. 辅过载

闭合主断路器，人工闭合辅过流中间继电器 282KC。

听：主断路器跳闸声。

看：司机操纵台“辅助回路”“主断”“零压”灯亮，副司机操纵台“辅过流”灯亮。

iv. 制动励磁过流

换向手柄置“制”位，调速手柄离开“0”位，人工闭合励磁过流中间继电器 559KA。

听：91KM 释放声。

看：司机操纵台“励磁过流”灯亮。

调速手柄退回“0”位。

(3)结束工作

①断开司机操纵台各按键开关。

②调速手柄置“0”位，换向手柄置“中立”位。

③断开电钥匙开关 570QS 并取出电钥匙。

④断开蓄电池闸刀开关。

⑤断开电源柜闸刀开关。

⑥将零压保护隔离开关236QS置“正常”位。

99. SS4G型电力机车如何进行高压电气试验?

答:(1)准备工作

①低压试验良好,各机械电气设备良好。

②车顶作业和隔离开关作业完毕(车顶门锁闭)。

③各故障转换开关、自动开关、闸刀、风管路塞门均在正常工作位。

④A/B节车各室无人,锁闭各室门,所有人员齐全,均处于安全位置。

⑤总风缸压力500 kPa以上,机车制动缸压力300 kPa以上。

(2)试验程序与要求

①升弓试验

a. 合电钥匙570QS

听:门联锁动作声。

看:“零位”灯亮。

b. 升弓

i. 合“后弓”按键(402SK)。

看:受电弓升起时,升弓时间不大于8 s,无冲网现象,网压表显示19～29 kV。

ii. 断开“后弓”按键(402SK)。

看:降弓时无砸车顶现象,降弓时间不大于7 s。

②主断路器试验

合“主断合”按键(401SK)。

听:主断路器闭合声,主变压器交流声。

看:司机台“主断”“零压”灯灭,控制电压上升到100 V(确认前、后节车的“主断”灯均亮后,再松开按键)。

③劈相机试验

合“劈相机”按键(404SK)。

听:劈相机启动声音正常。

看:司机台“劈相机”灯亮后又灭。

④压缩机试验

a. 合“压缩机”按键(405SK)

听:247YV电空阀排风声和压缩机启动声,3 s后,247YV停止排风。

看:辅助电压表波动一次。

(总风缸压力达到900 kPa时,空气压缩机自动停止泵风)

b. 按“强泵”按键(408SK)

听:247YV电空阀排风声和压缩机启动声,3 s后,247YV停止排风。

看:辅助电压表波动一次。

（总风缸压力达到 950 kPa，高压安全阀喷气后，断开按键）

⑤电阻制动试验

a. 合“通风机”按键。

听：牵引风机 1 启动，隔 3 s 后，牵引风机 2 启动，再隔 3 s，变压器风机和油泵同时启动。

看：司机台“辅助回路”灯亮后又灭，副司机台“牵引风机 1”灯一亮后又灭；3 s 后，副司机台“牵引风机 2”灯一亮后又灭；再过 3 s 后，副司机台“油泵”灯一亮后又灭。

b. 合“制动风机”按键（407SK）。

听：制动风机 1 启动，隔 3 s 后，制动风机 2 启动。

看：司机台“辅助回路”灯一亮后又灭，副司机台“制动风机 1”灯一亮后又灭；3 s 后，司机台“辅助回路”灯一亮后又灭，副司机台“制动风机 2”灯一亮后又灭。

c. 换向手柄置“制”位，空气制动阀缓解，使机车制动缸压力降至 100 kPa，调速手柄离开“0”位。

听：线路接触器 12KM～42KM 吸合声，励磁接触器 91KM、92KM 吸合声及 530KT 吸合声。

看：司机台“电制动”灯亮，“预备”灯灭。

d. 调速手柄离开“0”位到最大位。

看：励磁电流上升到 930 A，制动电流上升到 50 A。

e. 断开“通风机”按键开关（406SK）。

听：牵引风机 1、牵引风机 2 停转，530KT 释放。

看：“预备”灯亮，励磁电流和制动电流下降到 0。

f. 合“通风机”按键（406SK）。

待牵引风机 1、牵引风机 2 启动，530KT 吸合后：

看：“预备”灯灭，励磁电流上升到 930 A，制动电流上升到 50 A。

g. 断开“制动风机”按键（407SK）。

听：制动风机 1、制动风机 2 停转，530KT 释放。

看：“预备”灯亮，励磁电流和制动电流下降到 0。

h. 合“制动风机”按键（407SK）。

待制动风机 1、制动风机 2 启动，530KT 吸合后：

看：“预备”灯灭，励磁电流上升到 930 A，制动电流上升到 50 A。空气制动阀制动，机车制动缸压力上升到 300 kPa。

听：91KM、92KM 释放声。

看：“电制动”灯灭，“预备”灯亮，励磁电流、制动电流下降到 0。

i. 将调速手柄拉回“0”位，换向手柄置“前”位，“预备”灯灭后，关闭各通风机、制动风机，进行下一项试验。

⑥牵引试验

a. 调速手柄进到“1”级。

看："零位"灯灭，牵引电机电流上升到150 A。

b. 调速手柄回"0"位。

看："零位"灯亮，牵引电机电流下降到0。

c. 辅台牵引试验。

i. 手柄置"1"级。

看："零位"灯灭，牵引电机电流上升到150 A。

ii. 手柄回"0"位。

看："零位"灯亮，牵引电机电流下降到0。

d. 将两节车电子柜A、B组转换开关置"B"组，换向手柄置"前"位，调速手柄离开"0"位后慢慢推向牵引区。

看：牵引电流上升后（电流不超过150A），立即将调速手柄拉回"0"位。

（试验正常后，将两节车电子柜A、B组转换开关重新置"A"组）。

⑦紧急制动

a. 按"紧急制动"按钮。

听：紧急放风阀排风，主断路器跳闸。

看：列车管压力急剧下降到0，"主断"灯亮。

b. 自动制动阀（大闸）置"重联"位，15 s后解锁，再闭合主断路器。

⑧失压保护试验

降下前、后受电弓。

听：2 s后，286KT释放，主断路器跳闸。

看："零压""主断"灯亮。

（3）结束工作

①断开司机操纵台各按键开关。

②调速手柄置"0"位，换向手柄置"中立"位。

③断开电钥匙开关570QS并取出电钥匙。

④断开蓄电池闸刀开关。

⑤断开电源柜闸刀开关。

100. DK-1型电空制动机如何进行机能试验？

答：第（1）步：

①电空制动控制器、空气制动阀手柄"运转"位

确认制动主管、均衡风缸压力为规定压力（600 kPa），机车制动缸压力为0。

②电空制动控制器（大闸）由"运转"位移至"紧急"位

制动管压力在3 s内降为0。制动缸压力在5 s内升至400 kPa，最高压力为450 kPa，分配阀安全阀喷气，自动撒砂，有牵引级位时自动切除主断路器。

③空气制动阀（小闸）由"运转"位移至"缓解"位，并下压空气制动阀手柄

制动缸压力应缓解到0，松开空气制动阀手柄，制动缸压力不得回升。

④空气制动阀(小闸)由“缓解”位移至“运转”位，将电空制动控制器(大闸)手柄由“紧急”位移回“运转”位

制动主管压力由0升至580 kPa时间不大于9 s。

第(2)步：

①电空制动控制器(大闸)手柄由“运转”位移至“制动”位

均衡风缸减压140 kPa的时间5～7 s，制动缸压力升至360 kPa的时间为6～8 s。

②电空制动控制器(大闸)回“运转”位制动管充满风后置“制动”位初制动

列车管减压40～50 kPa，制动缸压力为90～130 kPa。

③电空制动控制器(大闸)回“中立”位

均衡风缸、制动主管泄漏量每分钟分别不大于5 kPa和10 kPa。

④电空制动控制器(大闸)再追加减压至100 kPa

制动缸压力为240～270 kPa。

⑤电空制动控制器(大闸)回“中立”位，关制动缸供给塞门制动缸泄漏量每分钟不大于10 kPa。

⑥电空制动控制器(大闸)再追加减压至140 kPa

制动缸压力为340～380 kPa。

⑦电空制动控制器(大闸)手柄置“过充”位

均衡风缸恢复600 kPa，制动主管超过定压30～40 kPa，制动缸压力不变。

⑧电空制动控制器(大闸)手柄回“运转”位

制动管过充压力消除时间为120～180 s，制动缸压力缓解至0。

第(3)步：

①空气制动阀(小闸)由“运转”位至“制动”位

制动缸压力上升300 kPa的时间不大于4 s。

②空气制动阀(小闸)由“制动”位回“中立”位

制动缸压力不变。

③空气制动阀(小闸)回“运转”位

制动缸压力由300 kPa降至40 kPa的时间不大于5 s。

第(4)步：

将电空制动转换开关转置“空气”位，调整调压阀53压力为600 kPa。空气制动阀手柄往复于“缓解”位～“制动”位

校对均衡风缸、制动主管压力是否达到规定压力。

第(5)步：

①空气制动阀(小闸)由“缓解”位移至“制动”位

均衡风缸减压140 kPa，时间为5～7 s。

②空气制动阀(小闸)由“制动”位回“中立”位并下压空气制动阀(小闸)手柄

制动缸压力应能缓解,停止下压,制动缸压力停止下降。

③将空气制动阀(小闸)手柄由“中立”位移至“缓解”位

均衡风缸、制动管恢复规定压力。

④空气制动阀(小闸)手柄在“缓解”位下压手柄

制动缸压力应缓解至0。

第(6)步:

“空气”位操作完毕后,将扳键开关恢复至“电空”位操作,调整调压阀53压力为300 kPa。

将空气制动阀(小闸)手柄由“中立”位移至“缓解”位,再由“缓解”位移至“制动”位,制动缸压力为300 kPa,回“运转”位。

第(7)步:

①电空制动控制器(大闸)手柄由“运转”位移至“制动”位

制动管减压140 kPa,检查排风及制动缸压力是否正常。

②电空制动控制器(大闸)手柄回“中立”位

制动管、制动缸是否保压。

③电空制动控制器(大闸)手柄回“运转”位

均衡风缸、制动管恢复规定压力,制动缸压力为0。

第(8)步:

①拉动手动放风阀手柄。

②应起紧急制动作用,制动主管压力3 s内降至0,制动缸升至450 kPa,主断路器跳闸(调速手轮离开“0”位时)。

③切断电空制动电源。

应起常用制动作用。

④合上电空制动电源。

应恢复正常。

⑤电阻制动联锁性能。

换向手柄置“制”位,调速手柄置“1”级以上,应能有50 kPa减压量,制动缸升压,延时25 s后能自动缓解。

检查试验完毕后,调速手柄置回“0”位,换向手柄置“中立”位,将电空制动控制器(大闸)空气制动阀(小闸)置于规定位置。

S1　两位置开关不转换的处理

1. 考场要求

(1)考场环境:考场整洁并有隔离设施。

(2)考评员要求:考评员与考生的比例为 5∶1,且考评员不得少于 3 名。

(3)评分方式:考评人员单独评分,考评人员评分的平均成绩为考生的成绩。

(4)设备工具要求:一台与报考车型相一致的机车。

2. 考试形式

实作考试。

3. 考试时间

10 min。

4. 合格标准

满分 100 分,60 分及以上为合格。

职业技能等级认定
电力机车司机(高级技师)实作技能考核评分记录表

单位:________　姓名:________　性别:_____　准考证号:________　工种:________　级别:________

试题名称:两位置开关不转换的处理

考核时间:10 min

操作开始时间:　　时　　分　　　　　　　　操作结束时间:　　时　　分

项　目	考核内容及评分标准	扣分因素及扣分标准	得　分
作业程序(20分)	1. 考试前未检查机车安全防护设施,扣5分		
	2. 检查部件后未恢复原状态(每次)扣1分		
	3. 无口述作业方法或口述错误(每次)扣2分		
	4. 检查方法及程序错误(每次)扣2分		
作业质量(50分)	两位置开关不转换的处理: (1)确认调速手轮回到"0"位,"零位"灯亮。 (2)确认141、142塞门开放,51调压阀压力达到500 kPa。 (3)先将换向手柄置所需位置。 (4)人工扳动转换: ①换向鼓只允许在停车状态下进行转换。 ②牵～制鼓置"牵引"位,停止使用电阻制动		
工具装备(10分)	1. 工具乱放,每次扣2分		
	2. 工具使用不当,每次扣2分		
	3. 遗失工具,每次扣2分,损坏工具扣10分		
	4. 损坏机车设备,失格		
考核时间(10分)	1. 超过规定时间每超1 min,扣1分		
	2. 超过规定时间每超5 min以上每分钟(不包括5分)扣5分		
	3. 超过规定时间每超10 min以上(不包括10分),失格		
作业安全(10分)	1. 违反安全作业规定(每次)扣2分,严重者失格		
	2. 操作失误,造成自动开关跳开失格		
	3. 考试过程中造成工伤,失格		
	4. 操作失误,由于短路等原因烧损电器失格		
合计(100分)			

考评员签名:　　　　　　　　　　　　认定人:　　　　　　　　　　年　　月　　日

S2　运行中空转保护动作的处理

1. 考场要求

(1)考场环境:考场整洁并有隔离设施。
(2)考评员要求:考评员与考生的比例为5∶1,且考评员不得少于3名。
(3)评分方式:考评人员单独评分,考评人员评分的平均成绩为考生的成绩。
(4)设备工具要求:一台与报考车型相一致的机车。

2. 考试形式

实作考试。

3. 考试时间

20 min。

4. 合格标准

满分100分,60分及以上为合格。

职业技能等级认定
电力机车司机(高级技师)实作技能考核评分记录表

单位:________ 姓名:________ 性别:_____ 准考证号:________ 工种:________ 级别:________

试题名称:运行中空转保护动作的处理

考核时间:20 min

操作开始时间:　　时　　分　　　　　　　　操作结束时间:　　时　　分

项　目	考核内容及评分标准	扣分因素及扣分标准	得　分
作业程序(20分)	1. 考试前未检查机车安全防护设施,扣5分		
	2. 检查部件后未恢复原状态(每次)扣1分		
	3. 无口述作业方法或口述错误(每次)扣2分		
	4. 检查方法及程序错误(每次)扣2分		
作业质量(50分)	运行中空转保护动作的处理: (1)牵引电机电流较大,黏着不良发生空转,应适当减载,加大撒砂量,机车起动时,为防止空转,可将电子柜A/B组开关置B组。 (2)空转保护误动作,将电子柜A/B组开关置B组(要注意机车空转)。 (3)若B组故障,将电子柜开关置A组,并将电子柜防空转插件开关扳至"故障"位		
工具装备(10分)	1. 工具乱放,每次扣2分		
	2. 工具使用不当,每次扣2分		
	3. 遗失工具,每次扣2分,损坏工具扣10分		
	4. 损坏机车设备,失格		
考核时间(10分)	1. 超过规定时间每超1 min,扣1分		
	2. 超过规定时间每超5 min以上每分钟(不包括5分)扣5分		
	3. 超过规定时间每超10 min以上(不包括10分),失格		
作业安全(10分)	1. 违反安全作业规定(每次)扣2分,严重者失格		
	2. 操作失误,造成自动开关跳开失格		
	3. 考试过程中造成工伤,失格		
	4. 操作失误,由于短路等原因烧损电器失格		
合计(100分)			

考评员签名:　　　　　　　　　　　　认定人:　　　　　　　　　　　　年　　月　　日

S3 主电路接地故障处理

1. 考场要求

(1)考场环境:考场整洁并有隔离设施。
(2)考评员要求:考评员与考生的比例为5∶1,且考评员不得少于3名。
(3)评分方式:考评人员单独评分,考评人员评分的平均成绩为考生的成绩。
(4)设备工具要求:一台与报考车型相一致的机车。

2. 考试形式

实作考试。

3. 考试时间

10 min。

4. 合格标准

满分100分,60分及以上为合格。

职业技能等级认定
电力机车司机(高级技师)实作技能考核评分记录表

单位:________　姓名:________　性别:_____　准考证号:________　工种:________　级别:________

试题名称:主电路接地故障处理

考核时间:10 min

操作开始时间:　　时　　分　　　　　　　　操作结束时间:　　时　　分

项　目	考核内容及评分标准	扣分因素及扣分标准	得　分
作业程序(20分)	1. 考试前未检查机车安全防护设施,扣5分		
	2. 检查部件后未恢复原状态(每次)扣1分		
	3. 无口述作业方法或口述错误(每次)扣2分		
	4. 检查方法及程序错误(每次)扣2分		
作业质量(50分)	主电路接地故障处理: (1)电阻制动接地时,停用电阻制动。 (2)逐各断开牵引电机隔离开关,找出有接地故障的牵引电机,并将其切除。 (3)降受电弓,取出电钥匙,检查各高压电器柜无异状,分别将两个高压柜内的主接地隔离开关(95QS、96QS)置"故障"位。 (4)进行逻辑控制单元LCU1、LCU2柜A/B组转换		
工具装备(10分)	1. 工具乱放,每次扣2分		
	2. 工具使用不当,每次扣2分		
	3. 遗失工具,每次扣2分,损坏工具扣10分		
	4. 损坏机车设备,失格		
考核时间(10分)	1. 超过规定时间每超1 min,扣1分		
	2. 超过规定时间每超5 min以上每分钟(不包括5分)扣5分		
	3. 超过规定时间每超10 min以上(不包括10分),失格		
作业安全(10分)	1. 违反安全作业规定(每次)扣2分,严重者失格		
	2. 操作失误,造成自动开关跳开失格		
	3. 考试过程中造成工伤,失格		
	4. 操作失误,由于短路等原因烧损电器失格		
合计(100分)			

考评员签名:　　　　　　　　　　　认定人:　　　　　　　　　　　年　　月　　日

S4 制动风机故障时的处理

1. 考场要求

(1)考场环境:考场整洁并有隔离设施。
(2)考评员要求:考评员与考生的比例为 5∶1,且考评员不得少于 3 名。
(3)评分方式:考评人员单独评分,考评人员评分的平均成绩为考生的成绩。
(4)设备工具要求:一台与报考车型相一致的机车。

2. 考试形式

实作考试。

3. 考试时间

15 min。

4. 合格标准

满分 100 分,60 分及以上为合格。

职业技能等级认定
电力机车司机(高级技师)实作技能考核评分记录表

单位:________ 姓名:________ 性别:_____ 准考证号:________ 工种:________ 级别:________

试题名称:制动风机故障时的处理

考核时间:15 min

操作开始时间: 时 分 操作结束时间: 时 分

项 目	考核内容及评分标准	扣分因素及扣分标准	得 分
作业程序(20分)	1. 考试前未检查机车安全防护设施,扣5分		
	2. 检查部件后未恢复原状态(每次)扣1分		
	3. 无口述作业方法或口述错误(每次)扣2分		
	4. 检查方法及程序错误(每次)扣2分		
作业质量(50分)	制动风机故障时的处理: (1)制动风机不能启动时的处理 ①断合几次制动风机开关,消除不良接点。 ②途中停用电阻制动。 (2)切除故障的牵引风机 制动风机故障时,检查制动风机接触器主触头有无烧损、焊接,如接触器触头焊接,则将触头撬开后装好灭弧罩或将接触器接线拆下后进行包扎绝缘处理。将相应的"制动风机故障"开关置"故障"位		
工具装备(10分)	1. 工具乱放,每次扣2分		
	2. 工具使用不当,每次扣2分		
	3. 遗失工具,每次扣2分,损坏工具扣10分		
	4. 损坏机车设备,失格		
考核时间(10分)	1. 超过规定时间每超1 min,扣1分		
	2. 超过规定时间每超5 min以上每分钟(不包括5分)扣5分		
	3. 超过规定时间每超10 min以上(不包括10分),失格		
作业安全(10分)	1. 违反安全作业规定(每次)扣2分,严重者失格		
	2. 操作失误,造成自动开关跳开失格		
	3. 考试过程中造成工伤,失格		
	4. 操作失误,由于短路等原因烧损电器失格		
合计(100分)			

考评员签名: 认定人: 年 月 日

S5　运行中发生自动降弓故障时的处理

1. 考场要求

(1)考场环境:考场整洁并有隔离设施。

(2)考评员要求:考评员与考生的比例为 5∶1,且考评员不得少于 3 名。

(3)评分方式:考评人员单独评分,考评人员评分的平均成绩为考生的成绩。

(4)设备工具要求:一台与报考车型相一致的机车。

2. 考试形式

实作考试。

3. 考试时间

15 min。

4. 合格标准

满分 100 分,60 分及以上为合格。

职业技能等级认定
电力机车司机(高级技师)实作技能考核评分记录表

单位:________ 姓名:________ 性别:______ 准考证号:________ 工种:________ 级别:________

试题名称:运行中发生自动降弓故障时的处理

考核时间:15 min

操作开始时间: 时 分 操作结束时间: 时 分

项 目	考核内容及评分标准	扣分因素及扣分标准	得 分
作业程序(20分)	1. 考试前未检查机车安全防护设施,扣5分		
	2. 检查部件后未恢复原状态(每次)扣1分		
	3. 无口述作业方法或口述错误(每次)扣2分		
	4. 检查方法及程序错误(每次)扣2分		
作业质量(50分)	运行中发生自动降弓故障时的处理: 如果运行中自动降弓,并伴有语音提示"快速降弓动作",应立即停车,从机车两侧检查受电弓状态。 (1)若发生刮弓故障,立即停车,记录刮弓地点,请求停电。接到停电的调度命令后,确认接触网停电,挂好接地线后,上车顶检查。 (2)将故障的受电弓捆绑牢固,并拆除该受电弓的导电杆。 (3)将故章节机车的"受电弓故障"开关置"故障"位		
工具装备(10分)	1. 工具乱放,每次扣2分		
	2. 工具使用不当,每次扣2分		
	3. 遗失工具,每次扣2分,损坏工具扣10分		
	4. 损坏机车设备,失格		
考核时间(10分)	1. 超过规定时间每超1 min,扣1分		
	2. 超过规定时间每超5 min以上每分钟(不包括5分)扣5分		
	3. 超过规定时间每超10 min以上(不包括10分),失格		
作业安全(10分)	1. 违反安全作业规定(每次)扣2分,严重者失格		
	2. 操作失误,造成自动开关跳开失格		
	3. 考试过程中造成工伤,失格		
	4. 操作失误,由于短路等原因烧损电器失格		
合计(100分)			

考评员签名: 认定人: 年 月 日

S6 压缩机系统故障处理

1. 考场要求

(1)考场环境:考场整洁并有隔离设施。

(2)考评员要求:考评员与考生的比例为5∶1,且考评员不得少于3名。

(3)评分方式:考评人员单独评分,考评人员评分的平均成绩为考生的成绩。

(4)设备工具要求:一台与报考车型相一致的机车。

2. 考试形式

实作考试。

3. 考试时间

25 min。

4. 合格标准

满分100分,60分及以上为合格。

职业技能等级认定
电力机车司机(高级技师)实作技能考核评分记录表

单位:________ 姓名:________ 性别:_____ 准考证号:________ 工种:________ 级别:________

试题名称:压缩机系统故障处理

考核时间:25 min

操作开始时间:　　时　　分　　　　　　　　操作结束时间:　　时　　分

项　目	考核内容及评分标准	扣分因素及扣分标准	得　分
作业程序(20分)	1. 考试前未检查机车安全防护设施,扣5分		
	2. 检查部件后未恢复原状态(每次)扣1分		
	3. 无口述作业方法或口述错误(每次)扣2分		
	4. 检查方法及程序错误(每次)扣2分		
作业质量(50分)	压缩机系统故障处理: (1)压缩机不泵风,使用强泵按钮打风,注意总风风压不得高于1 000 kPa。 (2)检查确认203KM,不吸合时将故障节车的逻辑控制单元(LCU)转至另一组。 (3)203KM吸合,仍不启动,检查恢复217QA,注意防触电。 (4)217QA闭合不上或压缩机仍不能正常运转,确认203KM无焊接,将579QS置“故障”位,用一台压缩机维持运行,注意空电配合严格控制速度。 (5)干燥系统故障时,开放塞门3,关闭“电控”位开关和塞门4,其他塞门均在“开放”位,注意停车时及时手动开放塞门4排除积水		
工具装备(10分)	1. 工具乱放,每次扣2分		
	2. 工具使用不当,每次扣2分		
	3. 遗失工具,每次扣2分,损坏工具扣10分		
	4. 损坏机车设备,失格		
考核时间(10分)	1. 超过规定时间每超1 min,扣1分		
	2. 超过规定时间每超5 min以上每分钟(不包括5分)扣5分		
	3. 超过规定时间每超10 min以上(不包括10分),失格		
作业安全(10分)	1. 违反安全作业规定(每次)扣2分,严重者失格		
	2. 操作失误,造成自动开关跳开失格		
	3. 考试过程中造成工伤,失格		
	4. 操作失误,由于短路等原因烧损电器失格		
合计(100分)			

考评员签名:　　　　　　　　　　　　认定人:　　　　　　　　　　年　　月　　日

S7 电空制动控制器手柄置“运转”位，均衡风缸、制动管都不充风的检查处理

1. 考场要求

(1)考场环境:考场整洁并有隔离设施。

(2)考评员要求:考评员与考生的比例为 5∶1,且考评员不得少于 3 名。

(3)评分方式:考评人员单独评分,考评人员评分的平均成绩为考生的成绩。

(4)设备工具要求:一台与报考车型相一致的机车。

2. 考试形式

实作考试。

3. 考试时间

25 min。

4. 合格标准

满分 100 分,60 分及以上为合格。

职业技能等级认定
电力机车司机(高级技师)实作技能考核评分记录表

单位:＿＿＿＿＿　姓名:＿＿＿＿＿　性别:＿＿＿　准考证号:＿＿＿＿＿　工种:＿＿＿＿＿　级别:＿＿＿＿＿

试题名称:电空制动控制器手柄置“运转”位,均衡风缸、制动管都不充风的检查处理

考核时间:25 min

操作开始时间:　时　分　　　　操作结束时间:　时　分

<table>
<tr><th>项　目</th><th>考核内容及评分标准</th><th>扣分因素及扣分标准</th><th>得　分</th></tr>
<tr><td rowspan="4">作业程序
(20 分)</td><td>1. 考试前未检查机车安全防护设施,扣 5 分</td><td rowspan="4"></td><td rowspan="4"></td></tr>
<tr><td>2. 检查部件后未恢复原状态(每次)扣 1 分</td></tr>
<tr><td>3. 无口述作业方法或口述错误(每次)扣 2 分</td></tr>
<tr><td>4. 检查方法及程序错误(每次)扣 2 分</td></tr>
<tr><td>作业质量
(50 分)</td><td>电空制动控制器手柄置“运转”位,均衡风缸、制动管都不充风的检查处理:
(1)如 153 塞门背后排风为手柄在“空气”位,将其转换到“电空”位即可。
(2)如 153 塞门正常时,检查空气制动阀上的电空转换扳健,如不在“电空”位,将其扳到“电空”位。
(3)检查 615QA、675SB 均正常时,将 464QS 自动停车扳钮置“切除”位,能充风时维持运行,注意制动管压力自动下降时,应将电空制动控制器手柄移至“中立”位,牵引运行时应立即人工断开主断路器;仍不充风时,一次检查空气制动阀接线盒接线及 258YV 接线。
(4)查不出原因或条件不允许时,转“空气”位操纵</td><td></td><td></td></tr>
<tr><td rowspan="4">工具装备
(10 分)</td><td>1. 工具乱放,每次扣 2 分</td><td rowspan="4"></td><td rowspan="4"></td></tr>
<tr><td>2. 工具使用不当,每次扣 2 分</td></tr>
<tr><td>3. 遗失工具,每次扣 2 分,损坏工具扣 10 分</td></tr>
<tr><td>4. 损坏机车设备,失格</td></tr>
<tr><td rowspan="3">考核时间
(10 分)</td><td>1. 超过规定时间每超 1 min,扣 1 分</td><td rowspan="3"></td><td rowspan="3"></td></tr>
<tr><td>2. 超过规定时间每超 5 min 以上每分钟(不包括 5 分)扣 5 分</td></tr>
<tr><td>3. 超过规定时间每超 10 min 以上失格</td></tr>
<tr><td rowspan="4">作业安全
(10 分)</td><td>1. 违反安全作业规定(每次)扣 2 分,严重者失格</td><td rowspan="4"></td><td rowspan="4"></td></tr>
<tr><td>2. 操作失误,造成自动开关跳开失格</td></tr>
<tr><td>3. 考试过程中造成工伤,失格</td></tr>
<tr><td>4. 操作失误,由于短路等原因烧损电器失格</td></tr>
<tr><td>合计
(100 分)</td><td></td><td></td><td></td></tr>
</table>

考评员签名:　　　　　　　　认定人:　　　　　　　　年　月　日

S8 电空制动控制器手柄置“运转”位，均衡风缸充风正常，制动管不充风的检查处理

1. 考场要求

(1)考场环境:考场整洁并有隔离设施。
(2)考评员要求:考评员与考生的比例为 5∶1,且考评员不得少于 3 名。
(3)评分方式:考评人员单独评分,考评人员评分的平均成绩为考生的成绩。
(4)设备工具要求:一台与报考车型相一致的机车。

2. 考试形式

实作考试。

3. 考试时间

25 min。

4. 合格标准

满分 100 分,60 分及以上为合格。

职业技能等级认定
电力机车司机(高级技师)实作技能考核评分记录表

单位:________　姓名:________　性别:______　准考证号:________　工种:________　级别:________

试题名称:电空制动控制器手柄置“运转”位,均衡风缸充风正常,制动管不充风的检查处理

考核时间:25 min

操作开始时间:　　时　　分　　　　　　　　操作结束时间:　　时　　分

项　目	考核内容及评分标准	扣分因素及扣分标准	得　分
作业程序(20分)	1. 考试前未检查机车安全防护设施,扣5分		
	2. 检查部件后未恢复原状态(每次)扣1分		
	3. 无口述作业方法或口述错误(每次)扣2分		
	4. 检查方法及程序错误(每次)扣2分。		
作业质量(50分)	电空制动控制器手柄置“运转”位,均衡风缸充风正常,制动管不充风的检查处理: (1)确认中继阀制动管塞门开放后,检查中立电空阀253YV,手按其阀杆能动作,松开后有排风声时为正常;如其在“闭合”位或松开后无排风声,可将253YV的阀杆拔起或将253YV拆下使用“空气”位操作。 (2)如“空气”位操作,制动管仍不充风,一般属于中继阀故障,可用手锤轻击振动中继阀和总风遮断阀,还不充风,应拆检中继阀和总风遮断阀		
工具装备(10分)	1. 工具乱放,每次扣2分		
	2. 工具使用不当,每次扣2分		
	3. 遗失工具,每次扣2分,损坏工具扣10分		
	4. 损坏机车设备,失格		
考核时间(10分)	1. 超过规定时间每超1 min,扣1分		
	2. 超过规定时间每超5 min以上每分钟(不包括5分)扣5分		
	3. 超过规定时间每超10 min以上(不包括10分),失格		
作业安全(10分)	1. 违反安全作业规定(每次)扣2分,严重者失格		
	2. 操作失误,造成自动开关跳开失格		
	3. 考试过程中造成工伤,失格		
	4. 操作失误,由于短路等原因烧损电器失格		
合计(100分)			

考评员签名:　　　　　　　　　　　　认定人:　　　　　　　　　　年　　月　　日

S9　常用制动电空阀 CZDF-3 故障时的处理

1. 考场要求

(1)考场环境:考场整洁并有隔离设施。

(2)考评员要求:考评员与考生的比例为 5∶1,且考评员不得少于 3 名。

(3)评分方式:考评人员单独评分,考评人员评分的平均成绩为考生的成绩。

(4)设备工具要求:一台与报考车型相一致的机车。

2. 考试形式

实作考试。

3. 考试时间

10 min。

4. 合格标准

满分 100 分,60 分及以上为合格。

职业技能等级认定
电力机车司机(高级技师)实作技能考核评分记录表

单位:________　姓名:________　性别:_____　准考证号:________　工种:________　级别:________

试题名称:常用制动电空阀 CZDF-3 故障时的处理

考核时间:10 min

操作开始时间:　　时　　分　　　　　　　　操作结束时间:　　时　　分

项　目	考核内容及评分标准	扣分因素及扣分标准	得　分
作业程序(20 分)	1. 考试前未检查机车安全防护设施,扣 5 分		
	2. 检查部件后未恢复原状态(每次)扣 1 分		
	3. 无口述作业方法或口述错误(每次)扣 2 分		
	4. 检查方法及程序错误(每次)扣 2 分		
作业质量(50 分)	常用制动电空阀 CZDF-3 故障时的处理: (1)判断 监控记录装置发出常用制动指令,列车实施常用制动时,均衡风缸排风正常,当缓解列车制动时,均衡风缸不充风时为常用制动电空阀 CZDF-3 在作用位卡住,使总风缸管与自动制动阀总风管的连通被遮断,自动制动阀调整阀因无总风压力空气,不能向均衡风缸供风。 (2)处理方法 将电空阀 CZDF-3 上的故障旋钮向“故障”位方向转动,使常闭故障阀呈开放位置,将在作用位卡住的电空阀 CZDF-3 遮断的管路旁通后,均衡风缸充风正常。 (3)注意事项 上述处理后,当监控记录装置发出常用制动指令时,必须立即将自动制动阀手柄由“运转”位移到“制动”位,否则会造成均衡风缸排风的同时,自动制动阀调整阀又向均衡风缸充风,影响常用制动作用		
工具装备(10 分)	1. 工具乱放,每次扣 2 分		
	2. 工具使用不当,每次扣 2 分		
	3. 遗失工具,每次扣 2 分,损坏工具扣 10 分		
	4. 损坏机车设备,失格		
考核时间(10 分)	1. 超过规定时间每超 1 min,扣 1 分		
	2. 超过规定时间每超 5 min 以上每分钟(不包括 5 分)扣 5 分		
	3. 超过规定时间每超 10 min 以上(不包括 10 分),失格。		
作业安全(10 分)	1. 违反安全作业规定(每次)扣 2 分,严重者失格		
	2. 操作失误,造成自动开关跳开失格		
	3. 考试过程中造成工伤,失格		
	4. 操作失误,由于短路等原因烧损电器失格		
合计(100 分)			

考评员签名:　　　　　　　　　　　　认定人:　　　　　　　　　　　　年　　月　　日

S10　紧急制动电空阀 CZDF-8 故障时的处理

1. 考场要求

(1)考场环境:考场整洁并有隔离设施。

(2)考评员要求:考评员与考生的比例为 5∶1,且考评员不得少于 3 名。

(3)评分方式:考评人员单独评分,考评人员评分的平均成绩为考生的成绩。

(4)设备工具要求:一台与报考车型相一致的机车。

2. 考试形式

实作考试。

3. 考试时间

10 min。

4. 合格标准

满分 100 分,60 分及以上为合格。

职业技能等级认定
电力机车司机(高级技师)实作技能考核评分记录表

单位:________　姓名:________　性别:______　准考证号:________　工种:________　级别:________

试题名称:紧急制动电空阀 CZDF-8 故障时的处理

考核时间:10 min

操作开始时间:　　时　　分　　　　　　　　操作结束时间:　　时　　分

项　目	考核内容及评分标准	扣分因素及扣分标准	得　分
作业程序(20 分)	1. 考试前未检查机车安全防护设施,扣 5 分		
	2. 检查部件后未恢复原状态(每次)扣 1 分		
	3. 无口述作业方法或口述错误(每次)扣 2 分		
	4. 检查方法及程序错误(每次)扣 2 分		
作业质量(50 分)	紧急制动电空阀 CZDF-8 故障时的处理: (1)判断 监控记录装置发出紧急制动指令,列车实施紧急制动停车后,缓解列车制动时,列车管不充风,列车制动不能缓解时为紧急制动电空阀 CZDF-8 在“作用”位卡住,使总风遮断阀不能开放,列车管不能充风。 (2)处理 将紧急制动电空阀 CZDF-8 上的常闭故障阀(B1)向“故障”位方向转动,将自动制动阀侧的总风遮断管(管 8)与总风遮断阀的 8 号管连通;同时将常开故障阀(B2)也向“故障”位方向转动,将总风缸管与总风遮断阀的 8 号管的通路遮断,使总风遮断阀呈“开放”位后,向列车管充风。 (3)注意事项 处理后,当监控记录装置发出紧急制动指令实施紧急制动时,应立即将自动制动阀手柄置“制动”位,确保列车的紧急制动作用		
工具装备(10 分)	1. 工具乱放,每次扣 2 分		
	2. 工具使用不当,每次扣 2 分		
	3. 遗失工具,每次扣 2 分,损坏工具扣 10 分		
	4. 损坏机车设备,失格		
考核时间(10 分)	1. 超过规定时间每超 1 min,扣 1 分		
	2. 超过规定时间每超 5 min 以上每分钟(不包括 5 分)扣 5 分		
	3. 超过规定时间每超 10 min 以上(不包括 10 分),失格		
作业安全(10 分)	1. 违反安全作业规定(每次)扣 2 分,严重者失格		
	2. 操作失误,造成自动开关跳开失格		
	3. 考试过程中造成工伤,失格		
	4. 操作失误,由于短路等原因烧损电器失格		
合计(100 分)			

考评员签名:　　　　　　　　　　　认定人:　　　　　　　　　　　年　　月　　日

S11 两台机车重联时对制动机的处理

1. 考场要求

(1)考场环境:考场整洁并有隔离设施。
(2)考评员要求:考评员与考生的比例为 5∶1,且考评员不得少于 3 名。
(3)评分方式:考评人员单独评分,考评人员评分的平均成绩为考生的成绩。
(4)设备工具要求:一台与报考车型相一致的机车。

2. 考试形式

实作考试。

3. 考试时间

10 min。

4. 合格标准

满分 100 分,60 分及以上为合格。

职业技能等级认定
电力机车司机(高级技师)实作技能考核评分记录表

单位：________　姓名：________　性别：_____　准考证号：________　工种：________　级别：________

试题名称：两台机车重联时对制动机的处理

考核时间：10 min

操作开始时间：　时　分　　　　操作结束时间：　时　分

项　目	考核内容及评分标准	扣分因素及扣分标准	得　分
作业程序(20分)	1. 考试前未检查机车安全防护设施，扣5分		
	2. 检查部件后未恢复原状态(每次)扣1分		
	3. 无口述作业方法或口述错误(每次)扣2分		
	4. 检查方法及程序错误(每次)扣2分		
作业质量(50分)	两台机车重联时对制动机的处理： 1. 不联重联线机车作为补机运行时： (1)将操纵节电空制动控制器手柄由“重联”位取出，空气制动阀手柄置“运转”位。 (2)开放操纵节分配阀缓解塞门156号。 (3)将重联阀93的“本/补转换阀”转换手柄操纵节置“本机”位，非操纵节置“补机”位。 (4)如无电空制动电源，还应将中继阀座下方的制动管塞门115号关闭。 2. 双机重联连接重联线时： (1)两台机车连挂好后，分别将两台车间的制动主管、总风缸管、两根平均管连接号，并开放折角塞门。 (2)重联阀93的“本/补转换阀”转换手柄的处理。 ①本务机车：操纵节置“本机”位，非操纵节置“补机”位。 ②重联机车：两节车均置于“补机”位。 (3)电空制动控制器(大闸)和空气制动阀(小闸)手柄位置。 ①本务机车：非操纵节电空制动控制器手柄由“重联”位取出，空气制动阀手柄由“运转”位取出。 ②重联机车，将两节车的电空制动控制器手柄由“重联”位取出，空气制动阀手柄由“运转”位取出。 (4)进行空气制动机机能试验，确认各部作用正常后方可进行重联		
工具装备(10分)	1. 工具乱放，每次扣2分		
	2. 工具使用不当，每次扣2分		
	3. 遗失工具，每次扣2分，损坏工具扣10分		
	4. 损坏机车设备，失格		
考核时间(10分)	1. 超过规定时间每超1 min，扣1分		
	2. 超过规定时间每超5 min以上每分钟(不包括5分)扣5分		
	3. 超过规定时间每超10 min以上(不包括10分)，失格		
作业安全(10分)	1. 违反安全作业规定(每次)扣2分，严重者失格		
	2. 操作失误，造成自动开关跳开失格		
	3. 考试过程中造成工伤，失格		
	4. 操作失误，由于短路等原因烧损电器失格		
合计(100分)			

考评员签名：　　　　　　　　认定人：　　　　　　　　年　月　日

S12　车钩钩头的解体、检查及安装

1. 考场要求

(1)考场环境:考场整洁并有隔离设施。

(2)考评员要求:考评员与考生的比例为 5∶1,且考评员不得少于 3 名。

(3)评分方式:考评人员单独评分,考评人员评分的平均成绩为考生的成绩。

(4)设备工具要求:一台与报考车型相一致的机车。

2. 考试形式

实作考试。

3. 考试时间

20 min。

4. 合格标准

满分 100 分,60 分及以上为合格。

职业技能等级认定
电力机车司机(高级技师)实作技能考核评分记录表

单位:________　姓名:________　性别:_____　准考证号:________　工种:________　级别:________

试题名称:车钩钩头的解体、检查及安装

考核时间:20 min

操作开始时间:　　时　　分　　　　　　操作结束时间:　　时　　分

项　目	考核内容及评分标准	扣分因素及扣分标准	得　分
作业程序(20分)	1. 考试前未检查机车安全防护设施,扣5分		
	2. 检查部件后未恢复原状态(每次)扣1分		
	3. 无口述作业方法或口述错误(每次)扣2分		
	4. 检查方法及程序错误(每次)扣2分		
作业质量(50分)	1. 车钩钩头的解体、检查及安装 (1)使用工具:手锤、小撬棍、钢尺、丁字尺、开口销。 (2)工作程序: ①机车进行制动。 ②提钩后,用手锤和小撬棍将钩舌销的开口销取下。 ③取出钩舌销,卸下钩舌,检查钩舌销有无裂纹,钩舌有无磨损。 ④取出钩舌锁铁及钩舌推铁,检查其有无磨损及裂纹。 ⑤清扫钩头内部,检查防跳装置是否良好。必要时对各部件进行探伤。 ⑥对符合要求的部件,按顺序组装好后,进行试验,开关应灵活。 2. 主要技术要求 (1)车钩的开度(在最小处测量):在"闭锁"位时,其开度为110～130 mm;在"开启"位时,其开度为220～250 mm。 (2)车钩中心距轨面高度:中修时为845～880 mm,运用机车为815～890 mm。 (3)两个车钩连挂后,其两个车钩的中心线相差不得超过75 mm。 (4)车钩在"闭锁"位时,钩舌锁铁往上的活动量为5～15 mm。 (5)钩舌销与销孔径向间隙为1～4 mm		
工具装备(10分)	1. 工具乱放,每次扣2分		
	2. 工具使用不当,每次扣2分		
	3. 遗失工具,每次扣2分,损坏工具扣10分		
	4. 损坏机车设备,失格		
考核时间(10分)	1. 超过规定时间每超1 min,扣1分		
	2. 超过规定时间每超5 min以上每分钟(不包括5分)扣5分		
	3. 超过规定时间每超10 min以上(不包括10分),失格		
作业安全(10分)	1. 违反安全作业规定(每次)扣2分,严重者失格		
	2. 操作失误,造成自动开关跳开失格		
	3. 考试过程中造成工伤,失格		
	4. 操作失误,由于短路等原因烧损电器失格		
合计(100分)			

考评员签名:　　　　　　　　认定人:　　　　　　　　年　　月　　日

S13 SS4G 型电力机车"电空"位故障改用"空气"位操纵的转换方法及注意事项

1. 考场要求

(1)考场环境:考场整洁并有隔离设施。
(2)考评员要求:考评员与考生的比例为 5∶1,且考评员不得少于 3 名。
(3)评分方式:考评人员单独评分,考评人员评分的平均成绩为考生的成绩。
(4)设备工具要求:一台与报考车型相一致的机车。

2. 考试形式

实作考试。

3. 考试时间

20 min。

4. 合格标准

满分 100 分,60 分及以上为合格。

职业技能等级认定
电力机车司机(高级技师)实作技能考核评分记录表

单位:________ 姓名:________ 性别:_____ 准考证号:________ 工种:________ 级别:________

试题名称:SS_{4G} 型电力机车"电空"位故障改用"空气"位操纵的转换方法及注意事项

考核时间:20 min

操作开始时间: 时 分 操作结束时间: 时 分

<table>
<tr><th>项 目</th><th>考核内容及评分标准</th><th>扣分因素及扣分标准</th><th>得 分</th></tr>
<tr><td rowspan="4">作业程序(20 分)</td><td>1. 考试前未检查机车安全防护设施,扣 5 分</td><td rowspan="4"></td><td rowspan="4"></td></tr>
<tr><td>2. 检查部件后未恢复原状态(每次)扣 1 分</td></tr>
<tr><td>3. 无口述作业方法或口述错误(每次)扣 2 分</td></tr>
<tr><td>4. 检查方法及程序错误(每次)扣 2 分</td></tr>
<tr><td>作业质量(50 分)</td><td>SS_{4G} 型电力机车"电空"位故障改用"空气"位操纵的转换方法及注意事项:
1. 转换方法
(1)将操纵节空气制动阀上的"电—空"转换钮置"空气"位。
(2)将操纵节空气制动屏上的"电—空"转换阀 153 置"空气"位,并断开自动开关 615QA。
(3)将操纵节空气制动阀手柄移至"缓解"位。
(4)将操纵节空气制动阀的调压阀 53 调整至规定压力。
(5)如非操纵节转"空气"位或处于"电空"位无电空控制电源,应将非操纵节的中继阀座下方的制动管塞门 115 关闭。
2."空气"位操纵的注意事项
(1)需单独缓解机车制动时,应下压空气制动阀的手柄。
(2)需要施行紧急制动时,可按下紧急制动按钮或迅速打开手动放风阀,并将空气制动阀的手柄推向"制动"位。
(3)"空气"位操纵时,没有加速充气作用,应适当降低缓解速。
(4)"空气"位操纵时,制动管若有泄漏会得到"补风"而发生自然缓解,应密切注意速度变化及进行追加减压。
(5)单机运行动车前,必须确认均衡风缸及制动管已充风至规定压力。缓解时,应将单独制动阀手柄放在"缓解"位缓解机车制动</td><td></td><td></td></tr>
<tr><td rowspan="4">工具装备(10 分)</td><td>1. 工具乱放,每次扣 2 分</td><td rowspan="4"></td><td rowspan="4"></td></tr>
<tr><td>2. 工具使用不当,每次扣 2 分</td></tr>
<tr><td>3. 遗失工具,每次扣 2 分,损坏工具扣 10 分</td></tr>
<tr><td>4. 损坏机车设备,失格</td></tr>
<tr><td rowspan="3">考核时间(10 分)</td><td>1. 超过规定时间每超 1 min,扣 1 分</td><td rowspan="3"></td><td rowspan="3"></td></tr>
<tr><td>2. 超过规定时间每超 5 min 以上每分钟(不包括 5 分)扣 5 分</td></tr>
<tr><td>3. 超过规定时间每超 10 min 以上(不包括 10 分),失格</td></tr>
<tr><td rowspan="4">作业安全(10 分)</td><td>1. 违反安全作业规定(每次)扣 2 分,严重者失格</td><td rowspan="4"></td><td rowspan="4"></td></tr>
<tr><td>2. 操作失误,造成自动开关跳开失格</td></tr>
<tr><td>3. 考试过程中造成工伤,失格</td></tr>
<tr><td>4. 操作失误,由于短路等原因烧损电器失格</td></tr>
<tr><td>合计(100 分)</td><td></td><td></td><td></td></tr>
</table>

考评员签名: 认定人: 年 月 日

S14　新 HXD2 型电力机车无动力回送设置方法

1. 考场要求

(1)考场环境:考场整洁并有隔离设施。
(2)考评员要求:考评员与考生的比例为 5∶1,且考评员不得少于 3 名。
(3)评分方式:考评人员单独评分,考评人员评分的平均成绩为考生的成绩。
(4)设备工具要求:一台与报考车型相一致的机车。

2. 考试形式

实作考试。

3. 考试时间

20 min。

4. 合格标准

满分 100 分,60 分及以上为合格。

职业技能等级认定
电力机车司机(高级技师)实作技能考核评分记录表

单位：________　姓名：________　性别：_____　准考证号：________　工种：________　级别：________

试题名称：新 HXD_2 型电力机车无动力回送设置方法

考核时间：20 min

操作开始时间：　时　分　　　　操作结束时间：　时　分

项　目	考核内容及评分标准	扣分因素及扣分标准	得　分
作业程序(20分)	1. 考试前未检查机车安全防护设施，扣5分 2. 检查部件后未恢复原状态(每次)扣1分 3. 无口述作业方法或口述错误(每次)扣2分 4. 检查方法及程序错误(每次)扣2分		
作业质量(50分)	新 HXD_2 型电力机车无动力回送设置方法： 1. 设置无动力回送模式时，先将列车管减压100 kPa以上，关闭机车与车辆之间的列车管折角塞门，确保列车制动，然后按如下操作步骤对机车进行设置： (1)将两端司机室的自动制动阀(大闸)、单独制动阀(小闸)手柄置于“全制”位，然后按下任意一节微机柜上的蓄电池切除按钮(BP-CBA)，断开两节微机柜上蓄电池脱扣开关DZ(DJ-BA)，等待列车管排风完毕。 (2)将两节机车制动柜上的无动力、有动力塞门(RB-MV&RB-UM-MV)均切换至“从控”位。 (3)将两节机车制动柜上的平均管重联塞门RB-EQ均切换至“主控”位。 (4)将两节机车制动柜上的停放制动塞门RB(IS)FS切换至“隔离”位，等待30 s后停放风缸内压力排空。 (5)本务机车挂车后，连接列车管并开放列车管折角塞门，通过本务机车将列车管压力缓解到定压，确认各停放制动指示器为红色，常用制动指示器为绿色。 (6)手动缓解车下各轴的停放制动：将所有手动缓解手柄拉出到最大位置保持3 s以上松开，以保证停放缸内部的机械机构有足够的时间复位，实现停放制动的完全缓解，操作完成后，需确认闸瓦完全离开车轮。 2. 注意： (1)务必严格按照上述操作顺序进行设置，不得颠倒。 (2)无动力回送操作完毕后，不得随意再闭合蓄电池开关或转换停放制动隔离塞门，如必须进行时，则需按上述步骤重新操作一遍。 (3)无动力回送操作完毕后，确认与本务机车的制动、缓解状态一致(无动力机车的制动缸压力低于本务机车的制动缸压力为正常现象)。 (4)全部操作完毕后，勿忘将机车与列车间的折角塞门开通		
工具装备(10分)	1. 工具乱放，每次扣2分 2. 工具使用不当，每次扣2分 3. 遗失工具，每次扣2分，损坏工具扣10分 4. 损坏机车设备，失格		
考核时间(10分)	1. 超过规定时间每超1 min，扣1分 2. 超过规定时间每超5 min以上每分钟(不包括5分)扣5分 3. 超过规定时间每超10 min以上(不包括10分)，失格		
作业安全(10分)	1. 违反安全作业规定(每次)扣2分，严重者失格 2. 操作失误，造成自动开关跳开失格 3. 考试过程中造成工伤，失格 4. 操作失误，由于短路等原因烧损电器失格		
合计(100分)			

考评员签名：　　　　　　认定人：　　　　　　年　月　日

S15　CAB-A 型制动机整备试验程序

1. 考场要求

(1)考场环境:考场整洁并有隔离设施。

(2)考评员要求:考评员与考生的比例为 5∶1,且考评员不得少于 3 名。

(3)评分方式:考评人员单独评分,考评人员评分的平均成绩为考生的成绩。

(4)设备工具要求:一台与报考车型相一致的机车。

2. 考试形式

实作考试。

3. 考试时间

20 min。

4. 合格标准

满分 100 分,60 分及以上为合格。

职业技能等级认定
电力机车司机(高级技师)实作技能考核评分记录表

单位:________ 姓名:________ 性别:_____ 准考证号:________ 工种:________ 级别:________

试题名称:CAB-A 型制动机整备试验程序

考核时间:20 min

操作开始时间: 时 分 操作结束时间: 时 分

项 目	考核内容及评分标准	扣分因素及扣分标准	得 分
作业程序(20分)	1. 考试前未检查机车安全防护设施,扣5分 2. 检查部件后未恢复原状态(每次)扣1分 3. 无口述作业方法或口述错误(每次)扣2分 4. 检查方法及程序错误(每次)扣2分		
作业质量(50分)	CAB-A 型制动机整备试验程序有关操作方法(50分): 1. 自动制动阀(大闸)"紧急"位——"重联"位——"运转"位 (1)总风压力为750~900 kPa,制动缸压力为0,均衡风缸压力为(600±10)kPa,列车管压力为(600±10)kPa; (2)自动制动手柄置"紧急"位,列车管压力降至0,均衡风缸压力降至0,制动缸压力为(450±20)kPa,紧急制动倒计时60 s开始; (3)60 s倒计时结束后,操作自动制动手柄置"重联"位,列车管、均衡风缸、制动缸压力均不变; (4)自动制动阀手柄置"运转"位,均衡风缸、列车管压力上升至(600±10)kPa,制动缸压力降至0; (5)等60 s使系统各风缸充满风。 2. 自动制动阀(大闸)"全制"位——"抑制"位——"运转"位 (1)自动制动阀手柄置"全制"位,均衡风缸、列车管压力下降到(420±10)kPa,制动缸为(420±15)kPa; (2)自动制动阀手柄置"抑制"位,各压力无变化; (3)自动制动阀手柄置"运转"位,均衡风缸、列车管压力上升至(600±10)kPa,制动缸压力降至0。 3. 单独制动阀(小闸)阶段制动——阶段缓解——"全制"位——"运转"位 (1)操作单独制动阀手柄进行不小于5次的阶段制动,制动缸压力阶段上升,单独制动阀手柄置"全制"位时,制动缸压力为(300±10)kPa; (2)操作单独制动阀手柄进行不小于5次阶段缓解,制动缸压力阶段下降,单独制动阀手柄置"运转"位时,制动缸压力降至0; (3)单独制动阀手柄置"全制"位,制动缸压力上升至(300±10)kPa; (4)单独制动阀手柄置"运转"位,制动缸压力降至0		
工具装备(10分)	1. 工具乱放,每次扣2分 2. 工具使用不当,每次扣2分 3. 遗失工具,每次扣2分,损坏工具扣10分 4. 损坏机车设备,失格		
考核时间(10分)	1. 超过规定时间每超1 min,扣1分 2. 超过规定时间每超5 min以上每分钟(不包括5分)扣5分 3. 超过规定时间每超10 min以上(不包括10分),失格		
作业安全(10分)	1. 违反安全作业规定(每次)扣2分,严重者失格 2. 操作失误,造成自动开关跳开失格 3. 考试过程中造成工伤,失格 4. 操作失误,由于短路等原因烧损电器失格		
合计(100分)			

考评员签名: 认定人: 年 月 日

S16　SS4G型电力机车前部检查

1. 考场要求

(1)考场环境:考场整洁并有隔离设施。

(2)考评员要求:考评员与考生的比例为5∶1,且考评员不得少于3名。

(3)评分方式:考评人员单独评分,考评人员评分的平均成绩为考生的成绩。

(4)设备工具要求:一台与报考车型相一致的机车。

2. 考试形式

实作考试。

3. 考试时间

15 min。

4. 合格标准

满分100分,60分及以上为合格。

职业技能等级认定
电力机车司机(高级技师)实作技能考核评分记录表

单位:＿＿＿＿＿　姓名:＿＿＿＿＿　性别:＿＿＿　准考证号:＿＿＿＿＿　工种:＿＿＿＿＿　级别:＿＿＿＿＿

试题名称:SS$_{4G}$型电力机车前部检查

考核时间:15 min

操作开始时间:　　时　　分　　　　　　　　操作结束时间:　　时　　分

项　目	考核内容及评分标准	扣分因素及扣分标准	得　分
作业程序(10分)	1. 考试前未检查机车安全防护设施,扣2分		
	2. 检查部件后未恢复原状态(每次)扣0.2分		
	3. 错呼机车部件状态,未呼被检部件名称(每次)扣0.2分		
	4. 检查方法及程序错误(每次)扣0.2分		
作业质量(60分)	1. Ⅰ端前部及排障器左侧 (1)头灯、近光灯、标志灯外观完好。 (2)前窗玻璃、刮雨器、路徽及机车标志完好,刮雨器胶皮与前窗玻璃接触面不少于80%。 (3)排障器无变形,距轨面应为80～110 mm,各安装螺栓无松动。 (4)脚踏板无变形。 2. 车钩 (1)车钩提杆无变形,提钩时能自动开放无卡劲,钩舌"全开"位220～250 mm。 (2)车钩摆动灵活,钩体各部分无裂纹,油润良好。 (3)钩舌销无折损,开口销完好,油润良好。 (4)钩舌各部无裂纹,防跳台应为90°,钩舌与锁铁摩擦部油润良好。 (5)钩舌锁闭作用良好,"闭锁"位110～130 mm。 (6)下锁销无裂纹,油润良好。 (7)车钩中心线距轨面垂直高度815～890 mm。 3. 制动软管 (1)折角塞门状态良好,卡子无松动,各部无泄漏。 (2)防尘堵及安全链齐全、完整。 (3)连接器无缺陷,胶圈无老化丢失,口面与地面垂直。 (4)制动软管卡箍牢固,卡耳间隙为2 mm。 (5)软管无松动、老化、龟裂,水压试验日期不超过3个月。 (6)制动软管与机车中心线夹角为45°。 4. 总风联管 (1)折角塞门状态良好,卡子无松动,各部无泄漏。 (2)防尘堵及安全链齐全、完整。 (3)连接器无缺陷,胶圈无老化丢失,口面与地面垂直。 (4)制动软管卡箍牢固,卡耳间隙为2 mm。 (5)软管无松动、老化、龟裂,水压试验日期不超过3个月。 (6)制动软管与机车中心线夹角为45°。 5. 平均管 软管无裂纹,截止塞门位置正确,卡子无松动。 6. 重联插座 重联插座完好牢固无烧损现象,插座盖完好,关闭严密		

续上表

项　目	考核内容及评分标准	扣分因素及扣分标准	得　分
工具装备（10分）	1. 工具乱放，每次扣2分		
	2. 工具使用不当，每次扣2分		
	3. 遗失工具，每次扣2分		
	4. 损坏工具扣10分		
考核时间（10分）	1. 超过规定时间每超1 min，扣1分		
	2. 超过规定时间每超5 min以上每分钟（不包括5分）扣5分		
	3. 超过规定时间每超10 min以上（不包括10分），失格		
作业安全（10分）	1. 违反安全作业的有关规定（每次）扣0.5分		
	2. 锤击带有压力部位（每次）扣1分		
	3. 未按规定着装扣2分		
	4. 发生工伤失格		
合计（100分）			

考评员签名：　　　　　　　　　　认定人：　　　　　　　　　　年　　月　　日

S17　DK-1 型制动机空气制动阀制动时，非操纵节机车（或重联机车）制动缸压力不上升，且与操纵节机车制动缸压力不符的原因及处理

1. 考场要求

（1）考场环境：考场整洁并有隔离设施。
（2）考评员要求：考评员与考生的比例为 5∶1，且考评员不得少于 3 名。
（3）评分方式：考评人员单独评分，考评人员评分的平均成绩为考生的成绩。
（4）设备工具要求：一台与报考车型相一致的机车。

2. 考试形式

实作考试。

3. 考试时间

20 min。

4. 合格标准

满分 100 分，60 分及以上为合格。

职业技能等级认定
电力机车司机(高级技师)实作技能考核评分记录表

单位:__________ 姓名:__________ 性别:______ 准考证号:__________ 工种:__________ 级别:__________

试题名称:DK-1型制动机空气制动阀制动时,非操纵节机车(或重联机车)制动缸压力不上升,且与操纵节机车制动缸压力不符的原因及处理

考核时间:20 min

操作开始时间:　　时　　分　　　　　　　　操作结束时间:　　时　　分

项　目	考核内容及评分标准	扣分因素及扣分标准	得　分
作业程序(20分)	1. 考试前未检查机车安全防护设施,扣5分		
	2. 检查部件后未恢复原状态(每次)扣1分		
	3. 无口述作业方法或口述错误(每次)扣2分		
	4. 检查方法及程序错误(每次)扣2分		
作业质量(50分)	空气制动阀制动时,非操纵节机车(或重联机车)制动缸压力不上升,且与操纵节机车制动缸压力不符的原因及处理: (1)非操纵节机车(或重联机车)93重联转换阀位置不对,应打“补机”位。 (2)操纵节机车或非操纵节机车,重联机车重联阀总风联管塞门160未打开,开放160塞门。 (3)制动平均管塞门未开通,打开制动平均管塞门。 (4)操纵节机车93重联转换阀遮断阀活塞上下窜风,且阀体上排气孔排风不止,更换遮断阀活塞膜板。 (5)非操纵节机车(或重联机车)93重联转换阀的重联阀活塞上下窜风,且重联阀上盖排气口排风不止。拆检非操纵节机车(或重联机车)重联转换阀,更换重联阀活塞杆上O形圈		
工具装备(10分)	1. 工具乱放,每次扣2分		
	2. 工具使用不当,每次扣2分		
	3. 遗失工具,每次扣2分,损坏工具扣10分		
	4. 损坏机车设备,失格		
考核时间(10分)	1. 超过规定时间每超1 min,扣1分		
	2. 超过规定时间每超5 min以上每分钟(不包括5分)扣5分		
	3. 超过规定时间每超10 min以上失格		
作业安全(10分)	1. 违反安全作业规定(每次)扣2分,严重者失格		
	2. 操作失误,造成自动开关跳开失格		
	3. 考试过程中造成工伤,失格		
	4. 操作失误,由于短路等原因烧损电器失格		
合计(100分)			

考评员签名:　　　　　　　　　　　　认定人:　　　　　　　　　　　　年　　月　　日

S18　SS4G型电力机车低压电气试验

1. 考场要求

(1)考场环境：考场整洁并有隔离设施。

(2)考评员要求：考评员与考生的比例为5∶1，且考评员不得少于3名。

(3)评分方式：考评人员单独评分，考评人员评分的平均成绩为考生的成绩。

(4)设备工具要求：一台与报考车型相一致的机车。

2. 考试形式

实作考试。

3. 考试时间

15 min。

4. 合格标准

满分100分，60分及以上为合格。

职业技能等级认定
电力机车司机(高级技师)实作技能考核评分记录表

单位:________ 姓名:________ 性别:_____ 准考证号:________ 工种:________ 级别:________

试题名称:SS_{4G}型电力机车低压电气试验

考核时间:15 min

操作开始时间: 时 分 操作结束时间: 时 分

项 目	考核内容及评分标准	扣分因素及扣分标准	得 分
作业程序(10分)	1. 考试前未检查机车安全防护设施,扣2分		
	2. 检查程序错误、不会口述试验程序及要求(每次)扣0.2分		
	3. 错呼机车部件状态,未呼被检部件名称(每次)扣0.2分		
	4. 电气试验未发现假设,失格		
作业质量(60分)	试验前的准备工作: 1. 确认车顶无人后锁闭车顶门。 2. 各管路塞门在正常位置,总风缸压力不低于700 kPa,机车制动缸压力300 kPa。 3. 各闸刀和自动开关均在正常工作位,控制电压不小于92.5 V。 4. 将零压保护隔离开关236QS,牵引风速故障隔离开关573QS、574QS及制动风速故障隔离开关589QS、590QS置“故障”位,其他各故障隔离开关在正常工作位。 5. 电子柜转换开关置“A”位。 6. 自起劈相机隔离开关置“手动”位,司机控制器手柄置“0”位,辅助司机控制器置“取出”位		
	试验顺序及要求: 1. 电源钥匙试验 (1)闭合电钥匙开关570QS。 ①门联锁保护阀287YV吸合,门联锁动作;558KA、568KA、563KA、569KA及539KT、528KT吸合。 看:“零位”灯亮。 ②断开电钥匙开关570QS。 门联锁保护阀287YV释放,558KA、568KA、563KA、569KA及539KT、528KT释放。 看:“零位”灯灭。 (2)闭合电钥匙开关570QS(反复合断2～3次后正常,再合上570QS)。 2. 扳钮试验 (1)主断路器试验。 ①合“主断合”按键(401SK)。 听:主断路器闭合声,恢复中间继电器562KA吸合声。 看:“零压”灯灭后又亮。 听:539KT时间继电器释放声和562KA继电器释放声。 看:“主断”灯灭。 ②合“主断断”按键(400SK)。 听:主断路器断开声。 看:“主断”灯亮。 ③再合“主断合”按键(401SK)。 听:主断路器闭合声,恢复中间继电器562KA吸合声。		

续上表

项　目	考核内容及评分标准	扣分因素及扣分标准	得　分
作业质量（60分）	看："零压"灯灭后又亮。 听：539KT时间继电器释放声和562KA继电器释放声。 看："主断"灯灭，（反复合断2～3次正常后合上主断路器）。 （2）劈相机试验。 ①合"劈相机"按键（404SK）。 听：劈相机中间继电器567KA吸合后，劈相机启动电阻接触器213KM和劈相机接触器201KM吸合，同时，时间继电器523KT、526KT、527KT、535KT、536KT和压缩机放风电空阀247YV吸合。 看："劈相机"灯亮。 ②人工闭合283AK劈相机启动继电器按钮。 听：566KA劈相机启动中间继电器吸合后，527KT延时1 s后释放，213KM释放，延时3 s后，533KT释放声。 看："劈相机"灯灭。 （3）压缩机试验。 合"压缩机"按键（405SK）（总风缸压力小于700 kPa时按"压缩机"按键，总风缸压力大于700 kPa时按"强泵"按键408SK）。 听：压缩机接触器203KM吸合声，延时3 s后，听时间继电器523KT和电空阀247YV释放声。 （4）各风机试验。 ①合"通风机"按键开关（406SK）。 听：牵引风机1接触器205KM吸合声。 看：主操纵台"辅助回路"灯亮，副台"牵引风机1"灯亮。 延时3 s后： 听：时间继电器535KT释放声和接触器206KM吸合声。 看：主操纵台"辅助回路"灯亮，副台"牵引风机2"灯亮。 又延时3 s后： 听：时间继电器536KT释放声和接触器211KM、212KM吸合声。 看：主操纵台"辅助回路"灯亮，副台"油泵"灯亮。 ②合"制动风机"按键（407SK）。 听：接触器209KM吸合声。 看：主操纵台"辅助回路"灯亮，副台"制动风机1"灯亮。 延时3 s后： 听：时间继电器526KT释放声和接触器210KM吸合声。 看：主操纵台"辅助回路"灯亮，副台"制动风机2"灯亮。 （5）断开压缩机、通风机、制动风机按键开关，听各接触器释放声。 3. 电阻制动试验 将换向手柄置"制"位，107YVF、108YVF和107YVB、108YVB电空阀得电（前节车"前"位，后节车"后"位，牵～制鼓在"制"位），同时，牵引～制动转换中间继电器560KA、561KA及风速延时继电器530KT吸合。 ①听：两位置转换开关转换声。 ②将制动缸压力缓解到150 kPa以下，调速手轮离开"0"位。 听：线路接触器12KM、22KM、32KM、42KM吸合后，励磁接触器91KM、92KM吸合，然后556KA吸合。 看："电制动"灯亮，"预备"灯灭。 ③正常后，空气制动阀制动，制动缸压力300 kPa。 听：励磁接触器91KM、92KM吸合释放及556KA释放声。 看："电制动"灯灭，"预备"灯亮。		

续上表

项　目	考核内容及评分标准	扣分因素及扣分标准	得　分
作业质量（60分）	正常后，将调速手柄拉回“0”位，听各线路接触器释放声。 4. 换向试验 (1)换向手柄置“前”位。 听：两位置转换开关转换声(牵～制鼓转“牵引”位)。 看：“预备”灯灭(560KA、561KA释放，530KT、556KA吸合)。 (2)换向手柄置“0”位。 听：两位置转换开关排风声。 看：“预备”灯亮。 (3)换向手柄置“后”位。 听：两位置转换开关转换声(前节车转“后”位，后节车转“前”位)。 看：“预备”灯灭 正常后将573QS、574QS、589QS、590QS置“正常”位。 5. 牵引试验 (1)换向手柄置“前”位，“预备”灯灭。 调速手柄离开“0”位后置“1”级。 听：“零位”延时继电器558KA、568KA释放声和532KT吸合后，线路接触器12KM、22KM、32KM、42KM吸合声。 看：“零位”灯灭。 (2)牵引风机自起试验。 ①调速手柄置“1.5”级以上。 听：205KM吸合。 看：主操纵台“辅助回路”灯亮，副操纵台“牵引风机1”灯亮，。 延时3 s后： 听：206KM吸合。 看：副操纵台“牵引风机2”灯亮。 又延时3 s后： 听：211KM、212KM吸合。 看：副操纵台“油泵”灯亮。 ②调速手柄置“1.5”级以上25 s后，低级位延时继电器525KT动作。 看：“预备”灯亮。 正常后，闭合“通风机”(406SK)按键，再断开“通风机”(406SK)按键。 (3)磁场削弱试验。 调速手柄置“6”级以上。 ①换向手柄置“Ⅰ”级削弱。 听：17YV、47YV电空阀吸合，磁场削弱接触器17KM、27KM、37KM、47KM吸合声。 ②换向手柄置“Ⅱ”级削弱。 听：17YV、47YV电空阀排风声、磁场削弱接触器17KM、27KM、37KM、47KM释放声；18YV、48YV电空阀吸合，磁场削弱接触器18KM、28KM、38KM、48KM吸合声。 ③换向手柄置“Ⅲ”级削弱。 听：17YV、47YV电空阀吸合，磁场削弱接触器17KM、27KM、37KM、47KM吸合声。 ④换向手柄由“Ⅲ”“Ⅱ”“Ⅰ”依次退回“前”位。 听：各磁场削弱接触器释放声。 6. 辅助司机控制器操纵试验 ①将换向手柄放入辅助司机控制器“前”位，推向调速区。		

续上表

<table>
<tr><th>项　目</th><th>考核内容及评分标准</th><th>扣分因素及扣分标准</th><th>得　分</th></tr>
<tr><td rowspan="2">作业
质量
(60分)</td><td>听：两位置转换开关转换声。
看："预备""零位"灯灭。
②将换向手柄取出，放入辅助司机控制器"后"位，推向调速区。
听：两位置转换开关转换声。
看："预备""零位"灯灭。
③辅助司机控制器试验完后，将换向手柄取出，放入主司机控制器，置"前"位。
断开"劈相机"按键。
7. 保护试验
(1)接地保护。
①主接地。
闭合主断路器，闭合主电路接地继电器97KE、98KE，使97KE、98KE动作。
听：主断路器跳闸声。
看：司机操纵台"主断""主接地""零压"灯亮，副司机操纵台"主接地1"或"主接地2"灯亮。
②辅接地闭合主断路器，人工闭合辅助回路接地继电器285KE，使285KE动作。
听：主断路器跳闸声。
看：司机操纵台"主断""零压""辅接回路"灯亮，副司机操纵台"辅接地"灯亮。
③控制电路接地。
闭合主断路器，人工使控制电路接地，控制电路接地继电器554KA动作。
听：616QA接地自动开关跳开。
看：司机操纵台"控制电路接地"灯亮。
(2)过载保护。
①牵引过载。
闭合主断路器，人工闭合牵引电机过流继电器577KA 。
听：主断路器跳闸声。
看：司机操纵台"牵引电机""主断""零压"灯亮。
②原边过流。
闭合主断路器，人工闭合原边过流继电器101KC 。
听：主断路器跳闸声。
看：司机操纵台"原边过流""主断""零压"灯亮。
③辅过载。
闭合主断路器，人工闭合辅过流中间继电器282KC。
听：主断路器跳闸声。
看：司机操纵台"辅助回路""主断""零压"灯亮，副司机操纵台"辅过流"灯亮。
④制动励磁过流。
换向手柄置"制"位，调速手柄离开"0"位，人工闭合励磁过流中间继电器559KA。
听：91KM释放声。
看：司机操纵台"励磁过流"灯亮。
调速手柄退回"0"位</td><td rowspan="2"></td><td rowspan="2"></td></tr>
<tr><td>结束工作：
1. 断开司机操纵台各按键开关。
2. 调速手柄置"0"位，换向手柄置"中立"位。
3. 断开电钥匙开关570QS并取出电钥匙。
4. 断开蓄电池闸刀开关。
5. 断开电源柜闸刀开关。
6. 将零压保护隔离开关236QS置"正常"位</td></tr>
</table>

续上表

项　目	考核内容及评分标准	扣分因素及扣分标准	得　分
工具装备（10 分）	1. 工具乱放，每次扣 2 分		
	2. 工具使用不当，每次扣 2 分		
	3. 遗失工具，每次扣 2 分		
	4. 损坏工具扣 10 分		
考核时间（10 分）	1. 超过规定时间每超 1 min，扣 1 分		
	2. 超过规定时间每超 5 min 以上每分钟（不包括 5 分）扣 5 分		
	3. 超过规定时间每超 10 min 以上（不包括 10 分），失格		
作业安全（10 分）	1. 违反安全作业规定（每次）扣 2 分，严重者失格		
	2. 操作失误，造成自动开关跳开失格		
	3. 考试过程中造成工伤，失格		
	4. 操作失误，由于短路等原因烧损电器失格		
合计（100 分）			

考评员签名：　　　　　　　　　　认定人：　　　　　　　　　　年　　月　　日

S19　SS4G 型电力机车高压电气试验

1. 考场要求

(1)考场环境:考场整洁并有隔离设施。

(2)考评员要求:考评员与考生的比例为 5∶1,且考评员不得少于 3 名。

(3)评分方式:考评人员单独评分,考评人员评分的平均成绩为考生的成绩。

(4)设备工具要求:一台与报考车型相一致的机车。

2. 考试形式

实作考试。

3. 考试时间

15 min。

4. 合格标准

满分 100 分,60 分及以上为合格。

职业技能等级认定
电力机车司机(高级技师)实作技能考核评分记录表

单位:________ 姓名:________ 性别:_____ 准考证号:________ 工种:________ 级别:________

试题名称:SS_{4G}型电力机车高压电气试验

考核时间:15 min

操作开始时间:　时　分　　　　操作结束时间:　时　分

项　目	考核内容及评分标准	扣分因素及扣分标准	得　分
作业程序(10分)	1. 考试前未检查机车安全防护设施,扣2分		
	2. 检查程序错误、不会口述试验程序及要求(每次)扣0.2分		
	3. 错呼机车部件状态,未呼被检部件名称(每次)扣0.2分		
	4. 电气试验未发现假设,失格		
作业质量(60分)	准备工作: 1. 低压试验良好,各机械电气设备良好。 2. 车顶作业和隔离开关作业完毕(车顶门锁闭)。 3. 各故障转换开关、自动开关、闸刀、风管路塞门均在正常工作位。 4. A/B节车各室无人,锁闭各室门,所有人员齐全,均处于安全位置。 5. 总风缸压力500 kPa以上,机车制动缸压力300 kPa以上		
	试验程序与要求: 1. 升弓试验 (1)合电钥匙570QS 听:门联锁动作声。 看:“零位”灯亮。 (2)升弓 ①合“后弓”按键(402SK)。 看:受电弓升起时,升弓时间不大于8 s,无冲网现象,网压表显示19～29 kV。 ②断开“后弓”按键(402SK)。 看:降弓时无砸车顶现象,降弓时间不大于7 s。 2. 主断路器试验 合“主断合”按键(401SK) 听:主断路器闭合声,主变压器交流声。 看:司机台“主断”“零压”灯灭,控制电压上升到100 V(确认前、后节车的“主断”灯均亮后,再松开按键)。 3. 劈相机试验 合“劈相机”按键(404SK)。 听:劈相机启动声音正常。 看:司机台“劈相机”灯亮后又灭。 4. 压缩机试验 (1)合“压缩机”按键(405SK) 听:247YV电空阀排风声和压缩机启动声,3 s后,247YV停止排风。 看:辅助电压表波动一次。 (总风缸压力达到900 kPa时,空气压缩机自动停止泵风) (2)按“强泵”按键(408SK) 听:247YV电空阀排风声和压缩机启动声,3 s后,247YV停止排风。 看:辅助电压表波动一次。 (总风缸压力达到950 kPa,高压安全阀喷气后,断开按键)		

续上表

项　目	考核内容及评分标准	扣分因素及扣分标准	得　分
作业质量（60分）	5. 电阻制动试验 (1)合“通风机”按键。 听：牵引风机1启动，隔3 s后，牵引风机2启动，再隔3 s，变压器风机和油泵同时启动。 看：司机台“辅助回路”灯亮后又灭，副司机台“牵引风机1”灯一亮后又灭；3 s后，副司机台“牵引风机2”灯一亮后又灭；再过3 s后，副司机台“油泵”灯一亮后又灭。 (2)合“制动风机”按键(407SK)。 听：制动风机1启动，隔3 s后，制动风机2启动。 看：司机台“辅助回路”灯一亮后又灭，副司机台“制动风机1”灯一亮后又灭；3 s后，司机台“辅助回路”灯一亮后又灭，副司机台“制动风机2”灯一亮后又灭。 (3)换向手柄置“制”位，空气制动阀缓解，使机车制动缸压力降至100 kPa，调速手柄离开“0”位。 听：线路接触器12KM～42KM吸合声，励磁接触器91KM、92KM吸合声及530KT吸合声。 看：司机台“电制动”灯亮，“预备”灯灭。 (4)调速手柄离开“0”位到最大位。 看：励磁电流上升到930 A，制动电流上升到50 A。 (5)断开“通风机”按键开关(406SK)。 听：牵引风机1、牵引风机2停转，530KT释放。 看：“预备”灯亮，励磁电流和制动电流下降到0。 (6)合“通风机”按键(406SK)。 待牵引风机1、牵引风机2启动，530KT吸合后： 看：“预备”灯灭，励磁电流上升到930 A，制动电流上升到50 A。 (7)断开“制动风机”按键(407SK)。 听：制动风机1、制动风机2停转，530KT释放。 看：“预备”灯亮，励磁电流和制动电流下降到0。 (8)合“制动风机”按键(407SK)。 待制动风机1、制动风机2启动，530KT吸合后： 看：“预备”灯灭，励磁电流上升到930 A，制动电流上升到50 A。空气制动阀制动，机车制动缸压力上升到300 kPa。 听：91KM、92KM释放声。 看：“电制动”灯灭，“预备”灯亮，励磁电流、制动电流下降到0。 (9)将调速手柄拉回“0”位，换向手柄置“前”位，“预备”灯灭后，关闭各通风机、制动风机，进行下一项试验。 6. 牵引试验 (1)调速手柄进到“1”级。 看：“零位”灯灭，牵引电机电流上升到150 A。 (2)调速手柄回“0”位。 看：“零位”灯亮，牵引电机电流下降到0。 (3)辅台牵引试验。 ①手柄置“1”级 看：“零位”灯灭，牵引电机电流上升到150 A。 ②手柄回“0”位 看：“零位”灯亮，牵引电机电流下降到0。 (4)将两节车电子柜A、B组转换开关置“B”组，换向手柄置“前”位，调速手柄离开“0”位后慢慢推向牵引区。		

续上表

项　目	考核内容及评分标准	扣分因素及扣分标准	得　分
作业质量（60分）	看：牵引电流上升后（电流不超过150 A），立即将调速手柄拉回“0”位。（试验正常后，将两节车电子柜A、B组转换开关重新置“A”组）。 7. 紧急制动 （1）按“紧急制动”按钮。 听：紧急放风阀排风，主断路器跳闸。 看：列车管压力急剧下降到0，“主断”灯亮。 （2）自动制动阀（大闸）放“重联”位，15 s后解锁，再闭合主断路器。 8. 失压保护试验 降下前、后受电弓。 听：2 s后，286KT释放，主断路器跳闸。 看：“零压”“主断”灯亮		
	结束工作： 1. 断开司机操纵台各按键开关。 2. 调速手柄置“0”位，换向手柄置“中立”位。 3. 断开电钥匙开关570QS并取出电钥匙。 4. 断开蓄电池闸刀开关。 5. 断开电源柜闸刀开关		
工具装备（10分）	1. 工具乱放，每次扣2分		
	2. 工具使用不当，每次扣2分		
	3. 遗失工具，每次扣2分		
	4. 损坏工具扣10分		
考核时间（10分）	1. 超过规定时间每超1 min，扣1分		
	2. 超过规定时间每超5 min以上每分钟（不包括5分）扣5分		
	3. 超过规定时间每超10 min以上（不包括10分），失格		
作业安全（10分）	1. 违反安全作业规定（每次）扣2分，严重者失格		
	2. 操作失误，造成自动开关跳开失格		
	3. 考试过程中造成工伤，失格		
	4. 操作失误，由于短路等原因烧损电器失格		
合计（100分）			

考评员签名：　　　　　　　　　　　　认定人：　　　　　　　　　　　　年　　月　　日

S20　DK-1 型电空制动机机能试验

1. 考场要求

(1)考场环境:考场整洁并有隔离设施。

(2)考评员要求:考评员与考生的比例为 5∶1,且考评员不得少于 3 名。

(3)评分方式:考评人员单独评分,考评人员评分的平均成绩为考生的成绩。

(4)设备工具要求:一台与报考车型相一致的机车。

2. 考试形式

实作考试。

3. 考试时间

10 min。

4. 合格标准

满分 100 分,60 分及以上为合格。

职业技能等级认定
电力机车司机(高级技师)实作技能考核评分记录表

单位:________ 姓名:________ 性别:_____ 准考证号:________ 工种:________ 级别:________

试题名称:DK-1 型电空制动机机能试验

考核时间:10 min

操作开始时间: 时 分 操作结束时间: 时 分

<table>
<tr><th>项 目</th><th>考核内容及评分标准</th><th>扣分因素及扣分标准</th><th>得 分</th></tr>
<tr><td rowspan="4">作业程序(10 分)</td><td>1. 考试前未检查机车安全防护设施,扣 2 分</td><td rowspan="4"></td><td rowspan="4"></td></tr>
<tr><td>2. 检查程序错误、不会口述试验程序及要求(每次)扣 0.2 分</td></tr>
<tr><td>3. 错呼机车部件状态,未呼被检部件名称(每次)扣 0.2 分</td></tr>
<tr><td>4. 制动机试验未发现假设,失格</td></tr>
<tr><td rowspan="3">作业质量(60 分)</td><td>第 1 步:
(1)电空制动控制器、空气制动阀手柄“运转”位。
确认制动主管、均衡风缸压力为规定压力(600 kPa),机车制动缸压力为 0。
(2)电空制动控制器(大闸)由“运转”位移至“紧急”位。
制动管压力在 3 s 内降为 0。制动缸压力在 5 s 内升至 400 kPa,最高压力为 450 kPa,分配阀安全阀喷气,自动撒砂,有牵引级位时自动切除主断路器。
(3)空气制动阀(小闸)由“运转”位移至“缓解”位,并下压空气制动阀手柄。
制动缸压力应缓解到 0,松开空气制动阀手柄,制动缸压力不得回升。
(4)空气制动阀(小闸)由“缓解”位移至“运转”位,将电空制动控制器(大闸)手柄由“紧急”位移回“运转”位。
制动主管压力由 0 升至 580 kPa 时间不大于 9 s</td><td rowspan="3"></td><td rowspan="3"></td></tr>
<tr><td>第 2 步:
(1)电空制动控制器(大闸)手柄由“运转”位移至“制动”位。
均衡风缸减压 140 kPa 的时间为 5~7 s,制动缸压力升至 360 kPa 的时间为 6~8 s。
(2)电空制动控制器(大闸)回“运转”位制动管充满风后置“制动”位初制动。
列车管减压 40~50 kPa,制动缸压力为 90~130 kPa。
(3)电空制动控制器(大闸)回“中立”位。
均衡风缸、制动主管泄漏量每分钟分别不大于 5 kPa 和 10 kPa。
(4)电空制动控制器(大闸)再追加减压至 100 kPa。
制动缸压力为 240~270 kPa。
(5)电空制动控制器(大闸)回“中立”位,关制动缸供给塞门制动缸泄漏量每分钟不大于 10 kPa。
(6)电空制动控制器(大闸)再追加减压至 140 kPa。
制动缸压力为 340~380 kPa。
(7)电空制动控制器(大闸)手柄置“过充”位。
均衡风缸恢复 600 kPa,制动主管超过定压 30~40 kPa,制动缸压力不变。
(8)电空制动控制器(大闸)手柄回“运转”位。
制动管过充压力消除时间为 120~180 s,制动缸压力缓解至 0</td></tr>
<tr><td>第 3 步:
(1)空气制动阀(小闸)由“运转”位至“制动”位。
制动缸压力上升 300 kPa 的时间不大于 4 s。
(2)空气制动阀(小闸)由“制动”位回“中立”位。
制动缸压力不变。
(3)空气制动阀(小闸)回“运转”位。
制动缸压力由 300 kPa 降至 40 kPa 的时间不大于 5 s</td></tr>
</table>

续上表

<table>
<tr><th>项　目</th><th>考核内容及评分标准</th><th>扣分因素及扣分标准</th><th>得　分</th></tr>
<tr><td rowspan="5">作业质量（60分）</td><td>第4步：
将电空制动转换开关转置“空气”位，调整调压阀53压力为600 kPa。空气制动阀手柄往复于“缓解”位～“制动”位。
校对均衡风缸、制动主管压力是否达到规定压力</td><td rowspan="5"></td><td rowspan="5"></td></tr>
<tr><td>第5步：
(1)空气制动阀(小闸)由“缓解”位移至“制动”位。
均衡风缸减压140 kPa，时间为5～7 s。
(2)空气制动阀(小闸)由“制动”位回“中立”位并下压空气制动阀(小闸)手柄。
制动缸压力应能缓解，停止下压，制动缸压力停止下降。
(3)将空气制动阀(小闸)手柄由“中立”位移至“缓解”位。
均衡风缸、制动管恢复规定压力。
(4)空气制动阀(小闸)手柄在“缓解”位下压手柄。
制动缸压力应缓解至0</td></tr>
<tr><td>第6步：
“空气”位操作完毕后，将扳键开关恢复至“电空”位操作，调整调压阀53压力为300 kPa。
将空气制动阀(小闸)手柄由“中立”位移至“缓解”位，再由“缓解”位移至“制动”位，制动缸压力为300 kPa，回“运转”位</td></tr>
<tr><td>第7步：
(1)电空制动控制器(大闸)手柄由“运转”位移至“制动”位。
制动管减压140 kPa，检查排风及制动缸压力是否正常。
(2)电空制动控制器(大闸)手柄回“中立”位。
制动管、制动缸是否保压。
(3)电空制动控制器(大闸)手柄回“运转”位。
均衡风缸、制动管恢复规定压力，制动缸压力为0</td></tr>
<tr><td>第8步：
(1)拉动手动放风阀手柄。
(2)应起紧急制动作用，制动主管压力3 s内降至0，制动缸升至450 kPa，主断路器跳闸(调速手轮离开“0”位时)。
(3)切断电空制动电源。
应起常用制动作用。
(4)合上电空制动电源。
应恢复正常。
(5)电阻制动联锁性能。
换向手柄置“制”位，调速手柄置“1”级以上，应能有50 kPa减压量，制动缸升压，延时25 s后能自动缓解。
检查试验完毕后，调速手柄置回“0”位，换向手柄置“中立”位，将电空制动控制器(大闸)空气制动阀(小闸)置于规定位置</td></tr>
</table>

续上表

项　目	考核内容及评分标准	扣分因素及扣分标准	得　分
考核时间（10 分）	1. 超过规定时间每超 1 min，扣 1 分		
	2. 超过规定时间每超 5 min 以上每分钟（不包括 5 分）扣 5 分		
作业安全（10 分）	1. 违反安全作业规定（每次）扣 2 分，严重者失格		
	2. 操作失误，造成自动开关跳开失格		
	3. 考试过程中造成工伤，失格		
	4. 操作失误，由于短路等原因烧损电器失格		
工具装备（10 分）	1. 工具乱放，每次扣 2 分		
	2. 工具使用不当，每次扣 2 分		
	3. 遗失工具，每次扣 2 分		
	4. 损坏工具扣 10 分		
合计（100 分）			

考评员签名：　　　　　　　　认定人：　　　　　　　　年　　月　　日